GW00692252

채소의 기분,
바다표범의 키스

OOKINA KABU, MUZUKASHII ABOKADO_ MURAKAMI RADIO2
by Haruki Murakami

Copyright © Haruki Murakami, 2011
Illustrations © Ayumi Ohashi, 2011
All rights reserved.

Originally Published in Japan by Magazine House, Tokyo.
This Korean edition was published by Viche Korea Books,
an imprint of Gimm-Young Publishers, Inc., in 2012
by arrangement with Haruki Murakami, Japan
through THE SAKAI AGENCY and IMPRIMA KOREA AGENCY.

채소의 기분, 바다표범의 키스

지은이 무라카미 하루키 **옮긴이** 권남희 **1판 1쇄 발행** 2012년 6월 27일 **1판 8쇄 발행** 2012년 7월 27일
발행처 도서출판 비채 **발행인** 박은주 **주소** 서울특별시 종로구 북촌로 63-3
등록 2005년 12월 15일(제300-2005-212호) **주문 및 문의 전화** 031)955-3220 **팩스** 031)955-3111
편집부 전화 02)3668-3295 **팩스** 02)730-8649 **전자우편** viche@viche.co.kr

이 책의 한국어판 저작권은 사카이 에이전시와 임프리마 코리아 에이전시를 통한 저작권자와의 독점계약으
로 도서출판 비채가 소유합니다. 저작권법에 의해 한국 내에서 보호를 받는 저작물이므로 무단전재와 무단
복제를 금합니다.
ISBN 978-89-94343-64-8 03830 책값은 뒤표지에 있습니다.

채소의 기분, 바다표범의 키스

두번째 무라카미 라디오

무라카미 하루키

오하시 아유미 그림 · 권남희 옮김

첫머리에

십 년 만에 돌아와서

이 책은 〈앙앙 anan〉이라는 잡지에 연재했던 '무라카미 라디오' 한 해분을 모은 것입니다. 차례는 연재순입니다. 십 년쯤 전에도 〈앙앙〉에서 같은 제목으로 연재를 했죠. 하지만 그뒤로는 소설 쓰기에 바빠 도저히 에세이를 연재할 상황이 아니었습니다. 그런데 삼 년에 걸쳐 장편소설 《1Q84》를 탈고했더니 어깨가 가벼워져서인지 '오랜만에 에세이를 써볼까' 싶은 생각이 들더군요.

소설가는 소설을 쓸 때 머릿속에 많은 서랍이 필요합니다. 자잘한 에피소드, 사소한 지식, 작은 기억, 개인적인 세계관(같은 것)······ 소설을 쓸 때면 그런 소재가 여기저기에서 도움이 됩니다. 그런데 그런 여러 가지를 에세이 같은 데서 쭉쭉 뽑아 써버리면 소설을 자유롭게 쓸 수 없게 되죠. 그래서 아껴서(랄까), 서랍에 꼭꼭 감춰두게 됩니다. 그러나 소설을 다 쓰고 보면 결국은 쓰지 않은 서랍이 몇 개씩 나옵니다. 그리고 그중 몇 개인가는 에세이 재료로 쓸 만하군, 싶은 것도 생기기 마련입니다.

나의 본업은 소설가요, 내가 쓰는 에세이는 기본적으로 '맥주 회사가 만드는 우롱차' 같은 것이라고 생각합니다만, 세상에는 "나는 맥주를 못 마셔서 우롱차밖에 안 마셔" 하는 사람도 많으니 물론 적당히 쓸 수는 없죠. 일단 우롱차를 만들려면 일본에서 제일 맛있는 우롱차를 목표로 만들겠다는 것은 글쓰는 사람으로서 당연한 마음가짐입니다. 그러나 뭐, 말은 이렇게 하면서도 나는 어깨 힘 빼고 비교적 편안하게 이 일련의 글을 썼습니다. 어깨 힘 빼고 편안하게 읽어주신다면 더 바랄 게 없겠습니다.

　매번 아름다운 동판화를 작업해주신 오하시 아유미 씨에게 깊이 감사드립니다. 어떤 그림이 더해질지 매회 은근히 기다렸습니다. 그것도 연재하는 큰 즐거움 중 하나였습니다.

무라카미 하루키

차례

채소의   기분

〈세상에서 가장 빠른 인디언〉이라는 영화에서 노인으로 분한 앤서니 홉킨스가 "꿈을 좇지 않는 인생이란 채소나 다름없다"라는 말을 했다.

한참 전에 본 영화여서 정확하지는 않지만, 대체로 그런 취지의 발언이었던 걸로 기억한다. 그는 골동품급 오토바이 '인디언'을 개조해 시속 300킬로미터를 내는 것이 인생의 목표인 심히 펑키한 노인으로 그 말은 이웃집 남자아이에게 한 것이었다. 너무나 멋진 대사가 아닌가.

그러나 얘기는 거기서 깔끔하게 끝나지 않는다. 남자아이가 되묻는다. "그런데 채소라면 어떤 채소 말이에요?" 돌발질문을 받은 노인은 당황하여 "글쎄, 어떤 채소일까. 그렇지, 으음, 뭐 양배추 같은 거려나?" 하고 얼버무려 얘기는 그만 흐지부지한 방향으로 흘러가 버린다. 나는 대체로 이런 용두사미식의 대화를 좋아해서, 이 영화에 호감이 생겼다. '꿈을 좇지 않는 인생이란 채소나 다름없다'에서 깔끔하게 끝나면 확실히 멋있을지도 모르지만, 그러면 채소가 시

시한 존재가 돼버린다. 그렇지 않은가?

　나는 고기를 별로 먹지 않는 사람이어서 아무래도 채소 중심으로 식사하게 된다. 슈퍼마켓이나 채소가게에 장을 보러 가 직접 채소를 고르는 것도 좋아한다. 싱그럽고 신선한 양배추를 들고서 자, 오늘은 이 녀석을 어떻게 요리할까, 하는 기대에 가슴이 벅차오르기도 한다. 세상에는 예쁜 아가씨를 앞에 두고 '자, 오늘 밤은 이 아이를 어떻게 요리할까' 하는 기대에 가슴이 벅차오르는 남자도 적잖이 있을 테지만, 내 경우는 (대체로) 상대가 양배추이거나 가지이거나 아스파라거스가 된다. 좋든 싫든.

　양배추를 살짝 쪄서 안초비기름에 절인 멸치와 함께 파스타 재료로 써도 좋고, 유부와 함께 된장국을 끓여도 좋다. 혹은 실처럼 가늘게 채를 썰어 사발 가득 담아 마요네즈를 뿌려 먹는 것도 나쁘지 않고…… 머릿속에서 이런 망상이 점점 부풀어간다. 욕망의 형태가 점점 명확해진다. 슬슬 해가 지려는 참이다.

그러나 어떤 경우에도 내 허기진 마음이 양배추롤 쪽으로 움직이는 일은 없다. 나는 카페를 경영하던 젊은 시절 날마다 지겹도록 양배추롤을 만들었다. 그래서 솔직히 말해 양배추롤만큼은 꼴도 보고 싶지 않다. 정말로. 양배추롤한테는 미안하지만.

"꿈을 좇지 않는 인생이란 채소나 다름없다"라고 누군가 단호히 말하면 무심결에 "그런가?" 하게 될 것 같지만, 생각해보면 채소에도 여러 종류가 있고 채소마다 마음이 있고 사정이 있다. 하나하나의 채소의 관점에서 사물을 바라보면, 지금까지 인간으로서의 내 인생이란 대체 무엇이었을까 하고 무심코 깊은 생각에 잠기게 된다(그럴 때도 있다). 뭔가를 하나로 뭉뚱그려서 우집는 건 좋지 않군요.

 야마노테 선의 노선도는 피망 모양입니다. 알고 계셨나요?

햄버거

호놀룰루에 머무를 때, 쇼핑을 나가 슈퍼마켓 주차장에 차를 세우고 혼자 걸어나오는데 노숙자로 보이는 중년의 백인 남자가 나를 불러세웠다. 야윈 몸에 긴 머리칼, 잔뜩 그을린 피부, 남자는 간편한 옷에 샌들 차림이었다. 복장은 호놀룰루의 일반시민과 별반 다르지 않았지만, 전체적인 분위기로 적어도 호텔 수영장 가에서 다이키리를 마시며 일광욕을 할 사람이 아니라는 건 대충 상상이 됐다.

"미안하지만, 배가 너무 고파서 햄버거를 먹고 싶은데 1달러만 주지 않겠습니까?" 그는 나직하게 물어왔다.

나는 좀 놀랐다. 길모퉁이에 서서 "동전 한 푼 줍쇼" 하는 노숙자는 종종 보지만, 목적과 금액을 그렇게까지 분명히 정해서 원조(랄까?)를 요청하는 상대는 처음이었다. 주위를 둘러보니 주차장 끝에 '버거킹'이 있었고 고기 굽는 냄새도 은은히 풍겨왔다.

물론 나는 그 사람에게 1달러를 주었다. 첫째 몹시 배가 고플 때 어디선가 햄버거 냄새가 풍겨오면 그건 정말 고통일 거라는 동정

심 때문이었고(거기에는 확실한 공감대가 있었다), 또 한 가지는 다른 노숙자와는 전혀 다르게 독창적으로 호소하는 그의 기획력에 순수하게 감탄했기 때문이었다.

그래서 지갑에서 1달러짜리 지폐를 꺼내 "햄버거 맛있게 드세요"라며 건넸다. "고맙습니다." 그 사람은 이번에도 나직한 목소리로 웃지 않고 말했다. 그리고 1달러짜리 지폐를 주머니에 찔러넣더니 버거킹 쪽으로 쿨하게 샌들 소리를 내며 걸어갔다.

"햄버거와 같이 밀크셰이크라도 드세요" 하고 3달러 정도 줄 걸 그랬나 하는 생각이 나중에 문득 들었지만, 그때는 이미 늦었다. 나는 사소한 것을 머리에 떠올리는 데도 남들보다 시간이 걸리는 편이다. 생각이 떠올랐을 때는 대체로 이미 차가 떠난 뒤다.

그래서, 이 얘기의 교훈이 뭐냐고?

이렇게 물으면 나도 잘 모르겠지만, 어쩌면 '인간의 상상력이란 어느 정도 한정된 영역이 아니면 제대로 작용하지 않는다'는 것이 될지도 모르겠다. 그냥 "배가 고픕니다. 얼마라도 좋으니 돈 좀 주세요"라고 막연히 말하면, 이쪽도 그리 쉽게 마음이 움직이지 않았을지 모른다. 아니면 고작해야 25센트 정도를 의무적으로 주고 끝냈을지도.

하지만 "햄버거를 먹고 싶은데 1달러만 주지 않겠습니까?" 하고 구체적으로 솔직하게 이미지를 제시하니 그것만으로도 남 일처럼 여겨지지 않았다. 사정이 생겨 내가 만약 상대의 입장에 처하게 되면 어떤 기분이 들까 싶기도 했다. 그래서 거의 반사적으로 1달러를 주게 됐다. 그리고 마음 한구석으로 기도까지 했다. 그가 그 돈으로 햄버거를 먹고 조금이나마 행복해하기를.

기왕이면 밀크셰이크도 먹을 수 있게 해주었더라면 좋았을걸.

 최근에 산 물건 중에 나이키의 러닝용 헤드폰이 가장 괜찮았습니다.

로마　시에　감사해야　해

　운전, 좋아하시는지?

　나는 젊을 때부터 줄곧 시내에 살아서 차를 사거나 운전할 필요를 전혀 느끼지 못했다. 지하철이나 버스나 택시 같은 대중교통만으로도 일상의 볼일을 보는 데는 무리가 없기 때문이다.

　그런데 삼십대 후반에 그리스와 이탈리아에서 몇 년 살게 되었는데 그때 '차 없인 도저히 못 살겠구나' 통감하고, 고생해서 운전면허를 따고 차를 샀다. 그리하여 나는 초보 운전 시절의 태반을 로마에서 보냈다, 라고 한마디로 정리하면 간단할 테지만, 로마에서 초보자가 운전한다는 것은 그야말로 수명을 단축시키는 일이나 다름없었다. 어쨌든 로마 시민은 일단 핸들을 잡으면 몹시 공격적이 된다(운전은 잘하지만). 도로는 어디나 복잡하고 일방통행이 너무 많아서 뭐가 어떻게 되는지 알 수 없고, 작은 실수를 하거나 타이밍이 조금만 늦어도 주위에서 화려한 클랙슨 공격을 당하거나 창문을 내리고 퍼붓는 욕을 먹기 일쑤고, 평행주차는 그야말로 악몽이고, 그런저런 일로 고생이 엄청났다.

하지만 그 덕분에 세계 어느 도시에 가도 크게 무서워하지 않고 마음 편하게 쌩쌩 운전할 수 있게 되었다. 아무리 교통체계가 혼잡한 거리여도 '로마에 비하면야' 하는 것이 나의 변함없는 생각이다. 그런 점에서는 로마 시에 깊이 감사하고 있다. 그라치에 밀레 '매우 감사합니다'를 뜻하는 이탈리아어, 로마.

이탈리아에서의 운전이 즐거운 것은 수동기어 차량이 주류라는 데에 있다. 시민들 대부분은 기어를 바꾸며 배기량이 적은 엔진을 윙윙 효율적으로 회전시키면서 시원하게 달린다. 그러한 리듬을 일단 몸으로 이해하면 차량의 흐름 속으로 자연스레 스윽 섞여들어 갈 수 있다. 그래서 나는 지금도 수동이 아니면, 운전을 해도 좀체 안정이 되지 않는다.

개인적으로 나는 수동기어 차량을 잘 모는 여성이 참 매력적으로 보인다. 요즘 일본에서는 오토매틱 한정 면허가 생긴 덕분에 그 수가 꽤 줄었지만, 이따금 수동 차량을 운전하는 여성을 보면 여지

없이 '멋진걸' 하고 생각한다. 기민하고 똑똑해 보인다. 뚜렷한 목적과 명료한 시야를 갖고 인생을 독립적으로 사는 사람처럼 보인다. 실제로는 그렇지 않을지도 모르지만 왠지 모르게 그런 느낌이 든다.

확실히 수동 운전은 오토매틱보다 요령을 익히는 데 다소 시간이 걸린다. 발도 둘 다 사용해야 한다. 하지만 자전거나 수영과 마찬가지로 일단 몸에 익으면 평생 잊어버리지 않는다. 그리고 오토밖에 운전하지 않은 사람보다 확실히 인생이 한 눈금 더 즐거워진다. 정말로.

엔진 소리에 귀를 기울이고 페달 감각을 느끼며 기어를 변속하면서 토스카나의 구릉지에서 알파로메오를 타고 달리는 것보다 더한 기쁨이 있을까. 앞으로 면허를 딸 생각이 있는 여성은 혹시 괜찮다면 수동기어는 어떠신지? 그리고 인생을 풍요롭게 시프트업하지 않겠습니까?

 얼마 전에 필요한 일이 생겨 난생처음 두건을 샀습니다. 나쁜 짓을 한 게 아닌데 왠지 가슴이 두근거렸습니다.

파티는 괴로워

나는 고역인 게 여러 가지가 있는데(예를 들면 지비에gibier 요리라든가 고층빌딩이라든가 거대 투구벌레라든가), 그중에서도 가장 고역인 것이 행사와 스피치와 파티다. 이 세 가지가 한꺼번에 겹치기라도 하면—종종 겹친다—완전히 악몽이 돼버린다.

물론 나도 나이 먹은 성인이고 일단 사회화도 되어 있으니, 어떡하든 하라고 하면 행사에 나가 짤막하게 스피치를 하고 남들처럼 파티에서 담소 정도는 할 수 있다. 그래도 고역이기는 변함없어서 억지로 하고 나면 나중에 한꺼번에 피로가 몰려와 한동안 일이 손에 잡히지 않는다. 그래서 그런 장소에는 되도록 나가지 않으려고 한다.

덕분에 종종 의리 없는 짓을 하게 되는 경우도 있지만, 원래 조용한 장소에서 조용히 작품을 쓰는 것이 소설가의 본업이니 그 이외의 기능과 행위는 어디까지나 덤에 지나지 않는다. 모두에게 좋은 얼굴을 할 수는 없다는 것이 내 인생의 대원칙이다. 작가에게 가장 중요한 것은 독자이고, 독자에게 최선의 얼굴을 보여주기로 마음먹

었다면 그 이외의 부분은 "미안합니다" 하고 잘라버릴 수밖에 없다.

　결혼식에도 참석하지 않는다. 옛날에는 간혹 참석했지만, 서른 살이 넘은 뒤로는 친척의 결혼도 친구의 결혼도 전부 거절하기로 했다. 내가 거기에 얼굴을 내밀어서 그 결혼생활이 원만해진다는 것이 논리적으로 증명된다면 애써 나가겠지만, 특별히 그런 것도 아닌 것 같아서 정중하게 사정을 설명하고 거절한다. 무엇보다 예외를 만들지 않는 것이 그런 유의 초대를 원만하게 거절하는 요령이다.

　지금까지 살아오며 즐거운 파티에 참석했던 적이 있나 기억을 더듬어봤지만, 유감스럽게도 한 번이 떠오르지 않았다. 그 대신이랄까, 즐겁지 않았던 파티라면 얼마든지 떠올릴 수 있다. 특히 문단 관계 파티는 대부분 고문이었다. 거길 가느니 차라리 어둡고 눅눅한 동굴 속에서 거대 투구벌레와 맨손으로 격투하는 편이 낫다고 생각한 적조차 있다.

내가 생각하는 이상적인 파티란 다 합해서 열 명에서 열다섯 명 정도의 사람들이 나직한 목소리로 얘기하고, 누구도 명함 교환 따위는 하지 않고, 일 얘기도 하지 않고, 방 저쪽에서는 현악 4중주단이 모차르트를 단정하게 연주하고, 사람을 잘 따르는 샴고양이가 소파에서 기분 좋게 자고 있고, 맛있는 피노누아르를 따고, 밤바다가 보이는 발코니 위로 호박색 반달이 떠오르고, 산들바람은 향기롭고, 실크시폰 드레스를 입은 지적이고 아름다운 중년 여성이 내게 친절하고 정중하게 타조 사육법을 가르쳐주는—그런 파티다.

"타조 한 쌍을 자택에서 키우려면요, 무라카미 씨, 적어도 500제곱미터의 부지가 필요해요. 담은 적어도 2미터 정도는 돼야 하고요. 타조는 장수 동물이라 여든 살 넘도록 살 수도 있고……."

그녀의 이야기에 귀 기울이고 있으면 점점 우리 집에서도 타조를 키워보고 싶다는 생각이 들겠지.

그런 파티라면 기꺼이 가겠다. 괜찮다면 누가 한번 열어주지 않겠습니까?

 요즘 데렉 트럭스 밴드의 신보 CD를 자주 듣습니다. 걸으면서요. 좋더군요.

체형에　대해

달리기 선수 여러분, 안녕하세요. 씩씩하게 잘 달리고 있습니까?

나도 달리는 걸 상당히 좋아해서 곧잘 레이스에도 나갑니다. 달린다는 건 좋은 것이죠. 돈도 들지 않고 운동화와 길만 있으면 언제 어디서든 간단히 할 수 있으니까.

나는 지바 현에서 개최하는 풀마라톤에 가끔 참가하는데, 참가자에게는 근처에 있는 호텔 대형사우나의 할인권을 제공했다. 나는 42킬로미터를 완주했더니 땀이 말라 하얗게 소금이 된 데다 찬바람 맞은 몸을 덥히고 싶었던 참이어서, 이거 괜찮네 하고 그 욕탕에 한번 가보았다.

옷을 벗고 욕탕에 들어갔다가 잠시 후 문득 깨달았는데, 주위에 있는 사람들 전부가 거의 비슷한 체형이었다. 물론 키가 큰 사람도 있고 몸집이 작은 사람도 있고 중장년도 있으며 청년도 있지만, 대부분 마르고(적어도 뚱뚱하지는 않고) 짧은 머리에 햇볕에 그을리고 두 다리가 탄탄했다. 요컨대 거기 있는 모두가 마라톤을 마치고 온 러너였던 것이다.

이상하다고까지 할 건 없어도 아주 진기한 정경이었다. 보통 공중목욕탕이나 온천에는 아주 다양한 체형의 사람들이 있다. 마른 사람도 있고 뚱뚱한 사람도 있고, 건강해 보이는 사람도 있고 그리 건강해 보이지 않는 사람도 있다. 그런 각양각색의 사람들이 몸을 씻고 탕에 몸을 담근 채 세상 사는 얘기를 한다. 우리에게 지극히 당연하고 익숙한 풍경은 그런 것이다. 물론 한 욕탕에 전원이 비슷한 체형인 것이 뭐가 잘못됐다는 건 아니지만 아무래도 시각적으로 편하지 않았다. 그래서 서둘러 목욕을 마치고 말았다.

돌아오는 전철 안에서 문득 생각했는데, 만약 아타미 온천 어딘가의 여관에서 '세계 슈퍼모델 워크숍' 같은 것이 열리고 그 근방의 일반인 여성이 아무것도 모른 채 대형사우나에 들어갔다고 가정해보자. 주위에 있는 사람 전부가 세계 각지에서 모인 알몸의 슈퍼모델이라면 그건 꽤 무서운 체험이지 않을까? 분명 악몽 같을 거다. 만약 내가 여성이었다면 그런 경우만큼은 맞닥뜨리고 싶지 않다. 뭐 슬쩍 보고 싶은 마음이 안 드는 건 아니겠지만.

　보스턴에서 살 때 근처 헬스클럽에 다녔는데, 그곳은 어째서인지 흑인 청년 회원이 많아서 어느 날 오픈식 샤워룸에서 물을 끼얹다가 문득 주위에 있는 사람 모두가 울룩불룩한 근육으로 단련된 체격 좋은 젊은이란 사실을 깨달은 적이 있었다. 이것도 왠지 긴장되는 일이었다. 무서운 건 아니지만, 이질적인 공간에 잘못 흘러들어온 것 같은 기분이랄까.

　이런 식으로 생각하면 여러 체형의, 여러 생김생김의, 여러 사고방식을 가진 사람들이 적당히 섞여 적당히 느슨하게 사는 세계가 정신건강상 가장 바람직한 것이구나 싶다. 뭐, 어쨌든 그렇게 무리해서 슈퍼모델 같은 체형이 될 건 없지 않을까? 정말로.

 신호를 기다리는 동안 근처 고양이를 사이드미러로 관찰하다가 신호가 바뀐 걸 놓쳐서 뒤차에게 혼났습니다.

에세이는 어려워

잡지에 에세이를 연재하면서 새삼 이런 말을 하긴 뭣하지만, 에세이 쓰기는 어렵다.

나는 원래 소설가여서 소설 쓰기는 그리 어렵지 않다. 물론 간단한 건 절대 아니지만, 소설 쓰기는 내 본업이니 묵묵히 해내는 것이 당연하므로 일일이 어렵네 어쩌네 하는 말은 할 수 없다.

번역도 부업으로 오랫동안 하고 있지만, 절반은 취미 같은 것이어서 특별히 어렵다는 생각은 들지 않는다. 마음 가는 작품을 마음이 갈 때 마음 가는 만큼 번역한다. 그러면서 어렵네 힘드네 하는 소리를 하면 벌 받을 것이다.

거기에 비해 에세이라는 것은 내 경우, 본업도 아니고 그렇다고 취미도 아니어서 누구를 향해 어떤 스탠스로 무엇을 쓰면 좋을지 파악하기가 힘들다. 대체 어떤 걸 쓰면 좋을까 하고 팔짱을 끼게 된다.

그렇긴 하지만 내게도 에세이를 쓸 때의 원칙, 방침 같은 건 일단 있다. 첫째, 남의 악담을 구체적으로 쓰지 않기(귀찮은 일을 늘리고

싶지 않다). 둘째, 변명과 자랑을 되도록 쓰지 않기(뭐가 자랑에 해당하는지 정의를 내리긴 꽤 복잡하지만). 셋째, 시사적인 화제는 피하기(물론 내게도 개인적인 의견은 있지만, 그걸 쓰기 시작하면 얘기가 길어진다).

그러나 이 세 가지 조건을 지키며 에세이를 연재하려고 하니 결과적으로 화제는 상당히 한정된다. 요컨대 '쓸데없는 이야기'에 한없이 가까워지는 것이다. 나는 개인적으로 '쓸데없는 이야기'를 비교적 좋아하니 그건 그것대로 상관없지만, 때로 "당신 에세이에는 아무런 메시지도 없다. 흐물거리기나 하고 사상성도 없고 종이 낭비다" 같은 비판을 받을 때가 있다. 그런 말을 들으면 '정말 그런가?' 싶어 반성하기도 한다. 소설에 관해서는 어떤 비판을 받아도 '흥, 알 게 뭐야' 하고 툭툭 털어내버리는데 에세이의 경우만큼은 그렇게까지 뻔뻔스러워지지 못한다.

그래서 좀처럼 에세이를 연재하는 일이 드물지만, 가끔 '이제 슬슬 에세이를 연재해도 될까나' 하는 무모한 생각이 스멀스멀 피어

오를 때가 있다. 덕분에 이런 식으로 매주 쓸데없는 이야기를 주섬주섬 쓰고 있다. 시시하다는 생각이 들어도 너무 화내지 말고 적당히 넘겨주시길. 무라카미도 무라카미 나름대로 열심히 쓰고 있습니다.

옛날 미국 서부의 술집은 대부분 전속 피아노 연주자를 두어 밝고 티없이 맑은 춤곡을 연주하게 했다. 그 피아노에는 '피아니스트를 쏘지 말아주세요. 그도 열심히 연주하고 있습니다' 하는 메모가 붙어 있었다고 한다. 그 마음이 이해가 간다. 술에 취한 카우보이가 "저렇게 시원찮아빠진 피아노 연주자가 있다니, 이런 빌어먹을!" 하고 피스톨을 빵 쏘아버린 적이 있었던 것이다. 그런 일을 당하면 연주자도 곤란할 것이다.

피스톨, 갖고 있지 않으시죠.

 지바 현에서 '굿럭'이라는 이름의 러브호텔을 보았습니다. 애쓰십시오.

의사 없는 국경회

옛날부터 의미 없는 말장난이나 별거 아닌 시시한 발상을 글로 쓰길 좋아해서 짬날 때마다 종종 쓴다.

예를 들어 '국경 없는 의사회'라는 신문의 헤드라인을 보면 바로 '의사 없는 국경회'라는 말이 머리에 떠오르면서 그 얘기를 써보고 싶어진다. 의사 없는 국경회라니 대체 어떤 단체일까. 의사가 없는 국경들은 어디서 무슨 생각을 하고 무엇을 꾸미고 있을까? 실제로 책상에 앉아 쓰기 시작했는데 너무나도 내용이 한심한 데다 '진지하게 활동하는 사람들을 놀림감으로 삼는 것은 경박스럽다'고 화를 내는 사람도 나올 것 같아 도중에 그만두고 말았다.

고바야시 다키지의 《게공선》이 몇 해 전 화제가 되었다. 고전이 재평가되는 것은 좋은 일이다. 그런데 학대받은 자의 시점에서 세계를 바라볼 거라면 차라리 게의 시점에서 본 《게공선》을 써보면 어떨까 싶었다. 물론 노동자 계급도 가엾지만, 통조림이 된 게가 더 가엾지 않나? 하지만 게의 눈으로 세상을 보는 것이 꽤 어려워서 결국 쓰지 않았다. 사상성도 제로이고.

'엄마 어깨를 두드려요'라는 동요에 '새빨간 양귀비가 웃어요'라는 소절이 있다. 어릴 때부터 계속 마음에 걸리는 소절이었다. 양귀비는 어떤 식으로 웃을까? 소리내어 웃을까, 아니면 아무 소리 없이 생글생글 웃을까? 정원 구석에서 웃고 있는 빨간 양귀비 얘기를 한번 써보고 싶었다. 이건 실제로 마지막까지 써서 활자가 되어 책에도 수록되었다. "재미있네요"라고 말해준 사람은 아직 한 명도 없지만.

지금 거론한 예는 하나같이 장난 같지만, 같은 방식으로 진지하게 소설을 쓴 적도 있다. 처음에 쓴 두 개의 단편소설 〈중국행 슬로보트〉와 〈가난한 아주머니 이야기〉는 둘 다 제목을 먼저 붙였다. 그뒤에 이런 제목으로 단편소설을 쓰면 어떤 얘기가 될까 하고 생각했다.

보통은 순서가 반대다. 먼저 이야기가 있고 나중에 제목이 붙는다. 내 경우는 그렇지 않고 먼저 틀을 만든다. 그리고 '음, 이 틀 속에 어떤 얘기가 들어갈까?'를 생각한다.

왜 그랬는가 하면, 그 당시 쓰고 싶은 것이 특별히 없었기 때문이다. 소설은 쓰고 싶은데 쓸 만한 것이 생각나지 않았다. 인생 경험도 아직 부족했고. 그래서 먼저 제목을 지어놓고 그 제목에 맞는 얘기를 어디선가 끌어왔다. 즉 '말장난'에서 소설을 풀어내려고 한 것이었다.

그런 건 문학적으로 성실하지 못한 태도라고 하는 사람이 있을지도 모른다. 그러나 어쨌든 그렇게 해서 글을 쓰는 동안 저절로 '내가 정말로 쓰고 싶은 것'이 점점 선명하게 보이기 시작했다. 쓰는 작업을 통해 지금까지 형태를 띠지 않았던 것이 서서히 제대로 된 형태를 띠어갔다. '처음부터 이걸 써야 해' 하는 《게공선》적인 사명감도 물론 중요하지만, 한편으로 문학에서는 자연스러움 역시 사명감만큼이나 중요한 게 아닐까 하고, 으음, 그냥 생각해본다. 그럼 또 다음에.

 토마스 만과 카를 융이 동갑이었군요. 그래서? 하고 물으면 곤란하지만.

호텔의 　금붕어

외국에서 호텔에 머물면 서비스로 과일이나 꽃을 갖다놓을 때가 있다. 단골 호텔이면 와인 한 병을 선심 쓰기도 한다. 한번은 그렇게 받은 레드와인을 따다가 손이 미끄러지는 바람에 새하얀 카펫에 내용물을 쏟아 호텔에 민폐를 끼친 적이 있다. 기껏 서비스를 해주었더니만 그런 꼴을 당하다니, 호텔도 참 못할 노릇이다. 그 호텔 컴퓨터 고객 정보에는 '무라카미에게는 절대 레드와인을 갖다주지 말 것'이라는 주의사항이 적혀 있을지도 모른다.

몇 년 전 시애틀의 어느 호텔에 머물렀다. 방에서 겨우 한숨 돌리고 있을 무렵, 벨보이가 동그란 유리 어항을 들고 와 창가 책상 위에 내려놓았다. 그는 아무 말도 하지 않고 그저 빙그레 미소만 짓고 나갔다. 어항 속에는 금붕어 한 마리가 노닐고 있었다. 어디서나 아주 흔하게 볼 수 있는 조그만 금붕어였다.

그때는 '특이한 호텔이네. 방에 금붕어를 갖다주다니' 하고 신기하게 생각했다. 그런데 한참 후 창가 의자에 앉아서 아무것도 하지 않고 반쯤 정신을 놓고 멍하니 금붕어를 바라보고 있는 자신을 발

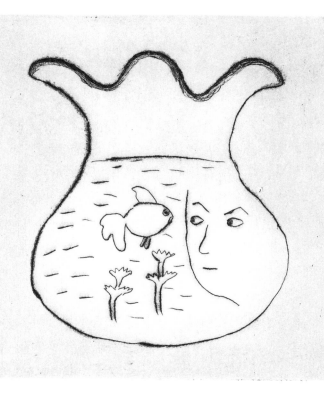

견했다. 금붕어를 관찰하는 것이 특별히 재미있지도 않은데 그냥 거기 있으니 왠지 진지하게 보게 되었다.

그런데 외국의 낯선 호텔 방에서 특별한 의미 없이 금붕어를 바라보는 것도 그리 나쁘진 않았다. 일상과 비일상이 모자이크처럼 뒤얽혀 방 한구석에 특별한 공간이 탄생한 것 같았다. 밖에는 조용히 이국의 비가 내리고 하얀 갈매기들이 빗속을 날아간다. 그리고 나는 아무 생각 없이 멍하니 금붕어의 움직임을 눈으로 좇고 있다.

그렇게 독창적이면서도 자연스러운 서비스는 의외로 마음에 오래 남는다. 말은 이렇게 하면서 호텔 이름이 도저히 기억나지 않는다. 음…… 항구에서 가깝고 근처에 아주 맛있는 굴 레스토랑이 있는데…….

집에서 금붕어를 키우는 것도 나쁘지 않을 것 같아서 인터넷으로 '금붕어 키우는 법'을 조사해보았는데, 이게 생각만큼 쉽지 않았다. 물 가는 법, 먹이 주는 법, 수온 관리 등 주의해야 할 일이 한

두 가지가 아니었다. 게다가 금붕어가 걸릴 수 있는 병도 백점병, 부식병, 기포병, 물곰팡이병, 솔방울병, 부레병 등 여러 가지여서 그 처치를 강구하지 않으면 안 된다. 물론 타조 한 쌍을 키우는 것보다는 훨씬 간단하지만. 게다가 나는 여행이 잦은 데다 집에 있어도 반쯤 넋이 나가 있을 때가 많기 때문에 제대로 생물을 책임지지 못할 것 같아 결국 금붕어 키우기는 포기했다.

당연하지만, 여행의 장점은 일단 일상을 벗어난다는 데 있다. 일상의 사소한 책임도 질 필요가 없다. 시애틀의 비 내리는 오후, 나와 그 작은 금붕어 사이에 형성된 친밀한―적어도 나는 친밀하게 느꼈다―관계는 아마 그때 그 자리에서만 가능했던 것이리라.

그건 그렇고 한낮의 바에서 '구마모토' 굴을 안주 삼아 마시는 차가운 샤블리 프랑스 부르고뉴 지방산 화이트와인는 정말 최고다.

 '挨拶 일본어로 '인사'라는 뜻'라는 한자를 못 씁니다. 이십 년 전부터 외워야지 했으나 지금에 이르렀습니다.

앵거 매니지먼트

당신은 화를 잘 내는 타입이신지?

나도 젊은 시절에는 쉽게 버럭 하는 편이었다. 그런데 지레짐작 하거나 사실을 오인하여 화를 내는 경우가 적지 않다는 것을 깨닫고, '좀더 잘 알아보고 화를 내야겠군' 하고 마음을 고쳐먹었다. 무슨 일인가로 확 열이 받아도 그 자리에서는 행동으로 표현하지 않고 한숨 돌렸다가 전후 사정을 파악한 뒤에 '이 정도라면 화내도 되겠어' 싶을 때 화를 내기로 했다. 이른바 '앵거 매니지먼트'다.

실제로 해보면 알겠지만, 아무리 화가 나도 조금만 시간이 지나면 절절 끓던 감정은 대개 가라앉는다. 분노보다는 '슬프군'이나 '유감이야' 정도의 지점에 안착할 때가 많다. 그래서 '뭐, 됐어. 할수 없지' 이러고 말게 된다. '생각해보면 내 잘못도 있어' 하고 (가끔은) 생각하기도 한다. 덕분에 인생의 트러블이 꽤 줄었다. 싸움 같은 것도 하지 않는다. 대신 '이건 화를 내는 게 당연해'라고 다시금 확인한 몇 안 되는 사례에 한해서는 냉정하게 언제까지고 계속 화를 낸다.

오래전 미국의 어느 영화감독에게서 레이먼드 카버의 소설을 원작으로 영화를 만들고 싶은데 현지에서 자금이 모이지 않는다, 일본에서 투자자를 찾으니 번역가로서 협력해주지 않겠는가 하는 문의가 들어왔다. 지금 생각하면 거짓말 같지만 당시 일본은 거품경제의 절정이어서 여기저기에 돈이 남아돌았다.

나는 그런 방면으로 무지했고 나한테 득이 될 것도 없었지만, 카버가 젊은 나이로 세상을 떠난 지 얼마 되지 않았을 때여서 뭐라도 해주고 싶은 마음에 주위 사람들에게 일단 얘기해보았다. 그랬더니 어느 기업의 높은 사람이 그 기획에 흥미를 가지고 자세한 얘기를 들어보고 싶다고 했다. 문화사업에 많은 힘을 쏟는 것으로 알려진 누구나 알 만한 대규모의 소매점을 보유한 기업이었다.

만나서 얘기를 하게 되었고 그쪽에서 미팅 장소를 통보해왔다. 어느 고급 요정이었다. '어째서 회사 회의실에서 하면 안 되는 거지?' 고개를 갸웃거리면서 갔더니만, 부사장과 그 비서 같은 사람이 나타나 "무라카미 씨, 당신은 잘 모르겠지만 애초에 영화제작이

46
47

란 건 말이죠" 같은 소리를 잘난 척 설교하고는 실컷 먹고 마시다가 돌아갔다. 투자에 대해서는 일언반구 없이 보내온 것은 숨이 넘어갈 정도의 요정 청구서뿐. 영화 얘기도 흐지부지 사라졌다. 안 된다면 안 되는 대로 어쩔 수 없다. 돈 문제도 포기하겠다. 그래도 결과가 어떻게 됐는지 정도는 가르쳐주어야 하지 않나요? 네?

나도 당장은 영문을 알 수 없어 그저 놀라고 어이없을 따름이었지만, 얼마 안 있어 이거야말로 허울 좋은 무전취식 아닌가 싶었다. 그리고 '그랬어? 이런 알맹이 없는 놈들이 문화, 문화 하고 거들먹거렸던 거야?' 하고 화가 치밀어올랐다. 고인에 대한 마음을 짓밟힌 듯하여 뒷맛이 씁쓸했다. 그후 그 기업 점포에는 절대 발을 들이지 않는다.

그리하여, 이십여 년째 변함없이 화를 내고 있는데 너무 집요한 걸까?

 '워프로(워드프로세스)'나 '미니스카(미니스커트)'로 줄이면서 왜 세이타카아와다치소 꺽다리좁쌀이란 식물 는 더 짧아지지 않는 걸까?

시저스 샐러드

오늘 점심은 메밀국수나 먹을까, 할 때가 있다. 공복감은 그리 없지만 뭔가 가볍게 배를 채우고 싶은 경우. 그런데 외국에 거주할 때는 그것이 불가능하다. 특별한 도시를 제외하면 국수가게도 없고 또 메밀국수에 상응하는 음식도 없다.

그럴 때 나는 곧잘 시저스 샐러드를 주문한다. 미국 레스토랑에서 시저스 샐러드는 대체로 가벼운 메인요리로 메뉴에 올라 있고, 이것만 먹으면 대충 메밀국수를 먹은 것과 비슷한 '섭취감'을 얻을 수 있다. 물론 맛에는 꽤 차이가 있지만.

시저스 샐러드는 로마 황제 줄리어스 시저의 이름에서 따왔다고 생각하는 사람이 많은 것 같지만, 사실 1920년대에 티후아나에서 레스토랑을 연 이탈리아계 미국인 시저 카르디니 씨의 이름에서 유래한 것이다. 이 사람이 우연한 기회에 시저스 샐러드 레시피를 즉석에서 만들어냈다는 것이 정설이다. 어쨌든 백 년 가까운 옛날 일이고 나도 내 눈으로 본 게 아니라서 확실한 것은 모르지만 이 레스

토랑에서 최초로 '시저스 샐러드'가 메뉴에 기재되고, 그것이 지역에서 인기를 얻은 것은 틀림없는 사실 같다.

시저스 샐러드를 몹시 좋아하는 사람으로서 유감스러운 일이지만, 일본에서 시저스 샐러드를 먹고 '음, 맛있군' 하고 생각한 적이 별로 없다. 아마 제대로 된 재료를 정량으로 쓰지 않기 때문이 아닐까 싶다. 간단한 요리일수록 섬세함이 필요한 법이다.

먼저 무엇보다 이 샐러드에는 아가씨처럼 싱싱하고 신선한 로메인상추가 필요하다. 보통 양상추를 대신 쓰곤 하지만, 이건 논외다. 상추 같은 걸 썼을 때는 참을 수가 없다. 토핑은 크루통과 계란노른자와 파르마산 치즈로. 간은 질 좋은 올리브유, 다진 마늘, 소금, 후추, 레몬즙, 우스터소스, 와인비네거로. 이것이 정통 레시피다. 어떤가. 상당히 담백할 것 같지 않은가.

대부분의 레스토랑에는 좀더 풍성하게 먹고 싶어하는 사람을 위해 여기다 참치나 닭고기를 더한 메뉴가 있다. 일본식으로 말하면 '덴자루 튀김을 얹은 메밀국수' 같은 느낌일 것이다.

정통 레스토랑에 가면 요리사가 테이블까지 와서 실제로 눈앞에서 이런 재료를 재빠르게 섞어준다. 이거 정말 볼거리다. 하버드 대학 정문 근처에 있는 모 레스토랑에는 '탈구축脫構築 시저스 샐러드'라는 메뉴가 있다. 요컨대 재료를 따로따로 가져와서 '그다음은 직접 조합해보세요' 하는 것인데 지적이고 폼 나는 이름이다. 장소 때문일까, 역시?

여름 한낮에 아이스티와 함께 아삭하고 신선한 시저스 샐러드를 먹는 것이 인생 최대의 기쁨 중 하나라고까지는 말하지 않겠지만, 아주 마음이 평온해지는 일인 건 분명한 사실이다.

 '3시든 4시든 지키자, 일시정지'라는 교통표어를 생각해냈는데, 좀 시시하네요.

이른바   미트   굿바이   meat goodbye

작년 일인데, 스쿼시를 하다 근육이 파열됐다. 앞쪽 벽에 떨어진 공을 돌진하듯 받으러 가는데 장딴지에 공이 '탁' 하고 떨어지는 느낌이 있었다. '이상하네, 공은 앞에 있는데', 생각했을 때는 이미 늦었다. 덕분에 여름 내내 운동을 제대로 못 했다.

들자하니 자이언트의 전 감독 나가시마 시게오 씨는 근육이 파열된 것을 '미트 굿바이'라 불렀다고 한다. 정말일까, 아무리 그래도 그렇게까지……라는 생각이 들지만 어쩌면 사실일지도 모른다. 설령 사실이 아니라 해도 뭐 괜찮지 않을까? 우리 모두에겐 뭔가 살아갈 의지가 될 만한 밝고 긍정적인 신화가 필요하니까.

나가시마 시게오 씨는 그밖에도 몇 가지 명언을 남겼다. 나는 어떤 차원에서도 자이언츠의 팬은 아니어서 특별히 나가시마 씨에 대해 깊이 생각한 적은 없지만 이 사람에게는 뭔가 특별한 것이 있다는 주장에는 아무런 이의가 없다.

예를 들어 이 사람은 감독 시절 "나는 선수를 신뢰합니다만, 신용하지는 않습니다"라고 인터뷰했다. 그때는 '또 의미 없는 말장

난이라니' 싶었지만, 시간이 지나 내가 그 나름의 입장이 돼보니 그 뉘앙스가 마음 깊이 이해됐다. 주위 사람을 기본적으로 신뢰하지 않으면 아무 일도 안 되는 경우가 있는가 하면, 무턱대고 신용하여 서로가 피해를 보는 경우도 있다. 정말 그랬다. '신뢰하지만 신용하지 않는다', 명언이다.

존 어빙의 소설 《일 년 동안의 과부》에는 테드 콜이라는 아동문학가가 등장한다. 그는 본업은 제쳐두고 스쿼시에 빠져 롱아일랜드에 있는 자택의 창고를 스쿼시 코트로 개조했다. 다만 천장이 보통 코트보다 낮고, 직접 꾸민 탓에 미묘한 요철도 벽 군데군데 있었다. 그런 '개인 코트 소유자'의 유리함을 십분 발휘하는 그의 기량은 웬만해서는 당해낼 수가 없었다. 딸 루스(소설의 주인공)는 어릴 때부터 어떻게든 아버지를 이기겠다고 연습에 열중했지만……
일본의 주택 환경에서 스쿼시 코트를 자택에 만드는 것은 일단 불가능하다. 우리 집에도 없다. 말할 것도 없이. 그런데 문득 든 생각인데 집에 스쿼시 코트가 있는 것이 즐겁지만은 않을지도 모른다. 한밤중에 문득 잠에서 깼을 때, 바로 옆 캄캄한 어둠 속에 아무도 없는 스쿼시 코트가 덩그러니 있다고 생각하면 그 고독감에 가슴이 저릿해오지 않을까. 그대로 아침까지 잠들지 못할 것 같기도 하다. 《일 년 동안의 과부》도 그런 적막감이 하나의 주요 테마로 전개된다.

　사람을 신뢰하면서 신용하지 못하는 인생이란 것 역시 때로는 고독한 것이다. 그런 미묘한 **틈**, 괴리 같은 것이 통증을 초래하여 우리를 잠 못 이루게 하는 밤도 있을 것이다. 하지만 '괜찮아, 이런 건 그냥 미트 굿바이잖아'라고 생각하면 아무렇지도 않게 견뎌낼 수 있을지도 모르겠다.

 구급차 타본 적 있나요?
나는 네 번 있습니다. 미국에서 탔더니 요금을 꽤 받더군요.

올림픽은   시시하다?

내가 세간의 일에 대해 강하게 의견을 주장하는 일은 별로 없지만, 그래도 몇 가지 개인적인 의견은 갖고 있다. 건방질 수도 있지만.

예를 들어 올림픽 개최지를 발상지인 아테네로 고정하라는 주장. 매번 개최지를 정하는 데 그렇게 난리법석을 피우고, 몇억 엔이나 되는 돈을 광고 에이전시에 퍼다바치는 건 아무리 생각해도 어리석은 일이다. 뇌물 스캔들도 자주 일어난다. 개최국의 위신을 건 개막식의 화려한 세리머니도 한심하고 성가시다. 그딴 건 필요 없다.

그러니 전국 고교야구대회를 고시엔에서 개최하는 것과 마찬가지로 올림픽은 발상지 아테네에서 하는 것으로 정해버리자. 그러면 쓸데없는 토목공사를 하지 않아도 된다. 세계적으로 공기가 오염될 일도 없다. 개막식, 폐막식도 고교야구처럼 간소하게 하는 거다. 그래도 좋지 않을까?

*

2000년 한 달 정도 시드니에 머물면서 올림픽을 취재했다. 솔직

히 나는 원래 올림픽을 별로 좋아하지 않았다. 마라톤을 제외하곤 아주 지루한 대회라고 생각해서 한 번도 진지하게 관전한 적이 없었다. 하지만 출판사에서 올림픽에 관한 기사를 쓰지 않겠냐고 제안해왔고, 오스트레일리아에 가는 것도 나쁘지 않겠구나 싶어 받아들였다.

그래서 결과부터 말하자면, 올림픽을 현지에 가서 진지하게 구경하니 생각보다 훨씬 흥미로웠다. 와아, 올림픽이란 게 이렇게 재미있었나, 하고 눈이 확 뜨이는 기분이었다.

그런데 일본에 돌아와서 텔레비전으로 다시 보니 이게 또 엄청나게 시시했다. 어째서인가 하니 일본 선수가 나오는 경기밖에 중계하지 않기 때문이었다. 언론의 시선은 '일본이 메달을 따는가, 따지 않는가' 하는 것에만 집중했고, 카메라의 시선도 그 논리로만 따라붙었다.

현지에서 나는 일본 선수나 일본팀이 나오는 시합도 물론 보았지만, 그보다는 일본과 관계없는 경기를 계획 없이 볼 때가 많았다.

이를테면 독일과 파키스탄의 하키 시합이라든가. 그런 건 그냥 그 자리에서 보는 것만으로도 재미있었다. 이해가 얽히지 않은 만큼 순수하게 즐기고 몰입할 수 있기 때문이다. 세상에는 다양한 사람이 있고, 강하든 약하든 누구나 열심히 땀을 흘리며 애쓰는구나 하는 걸 실감하게 된다. 메달의 수는 국가나 국민의 수준과는 아무런 관계가 없다. 진심으로 그렇게 생각한다.

실제 올림픽에는 진짜 피가 흐르는 뜨거운 분위기가 있다. 신기한 '현장의 힘' 같은. 그런데 텔레비전 화면으로는 그게 거의 전해지지 않는다. 어딘가로 느닷없이 증발해버린다. 일장기가 올라간다, 올라가지 않는다, 만으로 얘기가 진행되고, 아나운서가 소리를 지르며 여론으로까지 강하게 몰아간다. 이것은 선수들에게도 우리 자신에게도 불행한 일이 아닐까?

올림픽과는 관계없지만 시드니의 요리와 와인의 수준이 의외로 높았다. 언젠가 또 한번 여유롭게 가고 싶다.

 인도는 올림픽에서 매번 평균 한 개의 메달밖에 따지 못한다.
그러나 아무도 그것을 특별히 문제 삼지 않는 것 같다. 문제 삼으려나?

왼쪽인가 오른쪽인가

좌우로 모양이 다른 양말이 있다는 것을 아시는지? 나는 최근까지 몰랐다. 그러나 신으면 착 달라붙는 감촉이 좋아서 요즘은 자주 애용한다. 다만 한 가지, 밤중에 잠에서 깨 어둠 속에서 신으려 할 때는 상당히 곤란하다. 밝을 때는 상관없지만.

어느 책에서 읽었는데 신발 모양이 좌우 다르게 정착된 것은 비교적 근래의 일이라고 한다. 근래라고 해도 이십 년이나 삼십 년 전이 아니라 몇 세기나 전이지만, 그때까지 서민들은 대부분 오른쪽 왼쪽 구분 없이 같은 형태의 신발을 신었다고 한다. 지금 생각하면 뭔가 이상하지만 여관 슬리퍼 같은 거라고 생각하면 아, 그렇군 하고 고개를 끄덕이게 된다.

로마 초대 황제인 아우구스투스는 오른발을 왼쪽 신발에 넣으려 하다가 하마터면 부하들에게 살해당할 뻔했다. 유럽에는 옛날부터 좌우 신발을 잘못 신으면 재앙을 부른다는 속설이 있었던 모양이다. 그러나 그런 일로 일일이 살해당한다면 나 같은 사람은 목숨이 몇 개라도 부족하다.

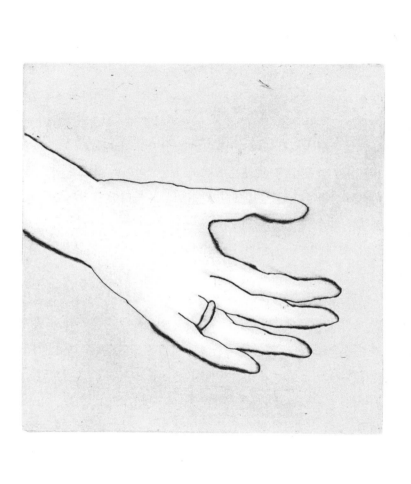

오른쪽과 왼쪽이라는 것은 신기한 것으로, 나는 양말을 신을 때는 언제나 왼쪽부터 신지만 신발을 신을 때는 오른쪽부터 신는다. 바지는 오른쪽부터 다리를 넣는다. 어째서인지는 모르겠으나 옛날부터 그렇게 정해져 있다. 반대로 하면 상당히 어색하다.

여성과 한 침대에 잘 때는 오른쪽이든 왼쪽이든 특별히 어느 쪽이어도 상관하지 않는다. 세상에는 "이쪽이 아니면 안정이 안 돼서 제대로 잠을 못 자" 하는 사람도 많은 것 같지만, 내 경우 그런 건 없다. 상대 여성은 가리지만(당연하다) 자리는 가리지 않는다.

나는 오른손잡이여서 왼손잡이가 일상생활에서 느끼는 불편은 잘 모른다. 그런데 가끔 오른손을 다치거나 혹은 짐을 들어서 뭔가를 왼손으로 할 때 상당히 힘들었던 경험은 있다. 예를 들어 역 개찰구에 카드를 넣는 일도 의외로 힘들다. 몸을 휙 비틀지 않으면 안 되니까. 오른손잡이용으로 만들어진 세상에서 왼손잡이는 '쳇, 빌어먹을' 하고 생각할 때가 많을 것이다.

이것도 내 눈으로 본 건 아니고 책에서 읽은 건데, 제2차세계대전 때 일본의 수장이었던 도조 히데키는 전쟁이 끝나고 권총자살을 시도했다. 이웃에 사는 의사에게 정확한 심장의 위치를 배워 주도면밀하게 먹물로 표시한 뒤 심호흡을 하고는 '흡' 하고 방아쇠를 당겼다. 그런데 이 사람은 왼손잡이였다. 그래서 아마 왼손에 권총을 들고 자신의 왼쪽 심장을 쏘았을 것이다. 실제로 해보면 알겠지만, 이것은 그렇게 간단한 일이 아니다. 각도가 부자연스러운 탓에 생각처럼 손가락에 힘이 들어가지 않는다.

어쨌든 자살에 실패하는 바람에 도조 씨는 점령군에게 체포되었는데 미군의 수혈로 목숨을 건졌다. 하지만 그후 재판을 통해 교수형을 당했다고 한다. 만약 정말로 그랬다면 이건 '쳇, 빌어먹을' 정도가 아니다. 왼손잡이로 사는 건(뿐만 아니라 죽는 것도) 상당히 힘든 것 같다. 파이팅입니다.

 미국 서점에서 책을 보고 있는데 드라마 〈로스트〉의 '사이드'가 옆에 서 있었다. 그런데? 하고 물으셔도.

궁극의 조깅코스

미국 오리건 주 유진 시 교외에 궁극의 조깅코스가 있다. 그곳에 본사를 둔 스포츠 브랜드 나이키가 광활한 부지에 특별히 만든 코스이다. 나이키 직원에 한해 출입이 허용된다.

한 바퀴 도는 데 3킬로미터 정도로, 새소리를 들으며 아름다운 숲을 빠져나가서 완만한 언덕을 오르내리는 코스다, 노면에는 부드러운 톱밥이 쫙 깔려 있어서 아무리 달려도 발이 아프지 않다, 그런 소문이 있었다.

정말일까 하고 나는 반쯤 의심하며 얘기를 들었다. 그런 꿈같은 코스가 모순과 비애와 폭력과 이상기후로 넘쳐나는 이 세계에 현실로 존재할까? 만약 정말로 있다면 한 번이라도 좋으니 내 발로 달려보고 싶다. 그렇게 생각했다.

수년 전, 모 항공회사의 기내지 일로 오리건 주를 취재할 기회가 있었다. 시험 삼아 "가능하면 유진의 나이키 본사에 있다는 이러저러한 전설의 조깅코스를 달려보고 싶은데" 하고 제안해보았다. 편집자가 나이키 홍보부에 문의했고 "좋습니다. 얼마든지 달리세요"

하는 대답이 돌아왔다. 야호! 그것만으로도 오리건에 갈 가치는 있었다.

기대에 부푼 가슴으로 나이키 본사에 갔는데, 문득 깨달은 사실! 맙소사, 내가 갖고 간 것은 뉴발란스 옷과 신발이었다. 그런 차림으로 나이키 본사의 코스를 달리는 것은 아무리 그래도 몹쓸 짓이다. 게다가 내가 달리는 모습을 카메라에 담기로 했는데.

내가 원래 잘 잊어버리고 센스가 없는 편이긴 하지만 이건 너무 심했다. 멍청이다. 큰일이네, 어쩌지, 고민하고 있는데 홍보 담당 여성이 '이런 쯧쯧' 하는 표정으로 (그러나 겉으로는 상냥하게) "괜찮습니다. 저희 옷과 신발을 제공해드리겠습니다" 하고 말해주었다.

그런 까닭으로 특별 코스를 실컷 달리는 데다 멋진 옷과 신발까지 받았다. 생큐, 나이키. 감사합니다.

실제로 달려보니 소문과 다르지 않았다. 더는 말이 필요 없는 훌륭한 조깅코스였다. 이런 코스가 근처에 있고 매일 자유롭게 사용

할 수 있다면 인생이 얼마나 행복할까. 거리도 경사도 커브도 이상적이었고, 주위 자연은 우아했으며 공기는 신선했다. 도중에는 기록을 체크할 수 있는 400미터 트랙도 정비되어 있었다.

유진 코스 외에 내가 가장 좋아하는 조깅코스는 교토의 가모가와 강변길이다. 교토에 갈 때마다 이른 아침 시간에 그곳을 달린다. 단골 숙소가 있는 미이케 근처에서 가미가모까지 달려갔다 온다. 그러면 대략 10킬로미터. 그사이 스쳐가는 다리의 이름도 모두 외워버렸다.

어느 여학교에선가 아침 훈련을 나온 학생들이 지나가면서 큰 소리로 "안녕하세에요오" 하고 내게 인사를 건넨다. 그럴 때면 인생도 세상도 뭐 그리 나쁘지 않네 싶다.

 옛날에 '도노사마킹스 이른바 '킹왕짱'이라는 뜻'라는 코믹 밴드가 있었죠. 누가 생각했는지 모르지만 아주 근사한 네이밍입니다.

꿈을 꿀 필요가 없다

십 년쯤 전에 심리학자인—당시 문화청 장관이기도 했다— 가와이 하야오 씨와 식사중에 꿈 이야기가 나와서 "나는 꿈을 거의 꾸지 않는답니다"라고 했더니, 가와이 씨는 예의 싱글벙글 웃는 얼굴로 "하하, 그렇겠지요. 무라카미 씨는 꿈을 꿀 필요가 없으니까요"라고 했다.

나는 왜 꿈을 꿀 필요가 없는지 그 이유를 알고 싶었지만 어쩌다 보니 이야기가 그대로 끝나버렸다. 다음에 만나면 꼭 이유를 물어봐야지 생각하고 있었는데 가와이 씨가 그만 병으로 세상을 떠났다. 우리는 사람과 사람의 만남에 '다음에 또'는 없다고 생각하며 살아가야 하는지도 모른다.

가와이 씨는 내가 지금까지 만난 사람 가운데 '정말로 속이 깊다'고 느꼈던 몇 안 되는 사람 중 한 명이었다. 더 오래 살았으면 좋았을 텐데 하는 마음이 간절하다.

*

생생한 꿈을 자주 꾸는 사람이 있다. 긴 꿈인데 시작부터 끝까지

오롯이 기억해 줄거리를 들려주기도 한다. 나는 그런 적이 없다. 눈을 떴을 때 '꿈을 꾼 것 같긴 한데' 싶은 적은 있어도 그런 느낌만 희미하게 들 뿐 내용은 제대로 생각나지 않는다.

히노 아시헤이의 단편소설로 기억하는데, 아침식사 자리에서 가족이 각자 전날 밤 꾼 꿈을 얘기하는 대목이 있다. 꽤 옛날에 읽어서 어떤 얘기였는지 정확하게는 잘 모르겠지만, '식구 전원이 그렇게 자세하게 꿈을 떠올리다니 대단해' 하고 감탄했던 기억이 난다. 그런 능력은 어쩌면 일상에서 꿈에 관해 서로 얘기하는 훈련을 통해 더 신장되는지도 모르고, 유전적인 요인도 어느 정도 관계가 있을지 모른다.

극히 드물지만 내가 세부 정경까지 선명하게 떠올리는 꿈은 어째서인지 요리에 관련된 것일 때가 많다. 그리고 예외 없이 몹시 그로테스크한 음식이다. 예를 들면,

1. 송충이 튀김. 살이 통통하게 오른 신선한 송충이에 튀김옷을 입혀 바삭하게 튀겼다. 내용물이 송충이가 아니라면 맛있을 것 같

은데.

 2. 백사 파이. 바삭한 파이 껍질에다 찐 백사 고기로 속을 채워 구웠다. 이것도 손이 많이 가는 요리 같다.

 3. 판다 덮밥. 자그마한 판다를 밥 위에 죽 늘어놓은 다음 소스를 뿌렸다. 이건 단순히 징그러울 뿐.

 이 세 가지 요리는 지금도 생김새와 색깔을 생생하게 떠올릴 수 있다. 김이 모락모락 나는 모습까지 눈에 선하다. 꿈속에서 그런 요리를 마주한 나는 도저히 먹지 않으면 안 되는 절박한 상황에 처해 있다. 실제로 먹었는지 어쨌는지까지는 모르겠다. 그러나 나는 '싫은걸' 하면서도 음식에 손을 뻗는다.

 어째서 이런 끔찍한 요리 꿈을 몇 번이나 되풀이해서 꾸는 건지. 가와이 씨에게 연락이 닿을 수만 있다면 그 까닭을 가르쳐줄 것 같은데⋯⋯.

 아르마딜로의 머리조림, 이런 것도 징그러울 것 같군요. 꿈에 볼까 무섭네. 생각하지 말아야지.

편지를 쓸 수 없다

'이 편지 답장 써야 되는데', 생각만 하고 질질 끌다가 결국 의리가 없거나 인정이 없는 사람 혹은 몸이 안 좋은 것이 돼버린다. 당신은 그런 경험이 없는지? 나는 비교적 자주 그런다.

물론 글을 쓰는 게 직업인 사람이니 편지를 쓰는 일이 절대적으로 힘든 건 아니다. 일단 마음을 먹으면 별 어려움 없이 쓱쓱 쓸 수는 있다. 그런데 '자, 편지를 쓰자' 하는 마음이 좀처럼 들지 않는 것이다. '내일 쓰지, 뭐' 하다가 사흘이 지나고, 일주일이 지나고, 한 달이 지나버린다. 그렇게 되면 답장 같은 건 이제 영원히 쓰지 못한다.

이 글을 읽고 있는 분 중에도 내게 편지를 썼는데 답장을 못 받은 사람이 있을지 모른다. 혹은 선물을 보내고도 감사편지를 못 받았다거나.

'무라카미는 예의도 없고 교만한 놈이야'라고 생각할지도 모른다. 정말 죄송합니다. 이 자리를 빌려 사과드립니다. 나쁜 뜻은 없는데 왠지 답장을 못 쓰겠더군요. 난데없는 뒷산 원숭이 같은 놈이

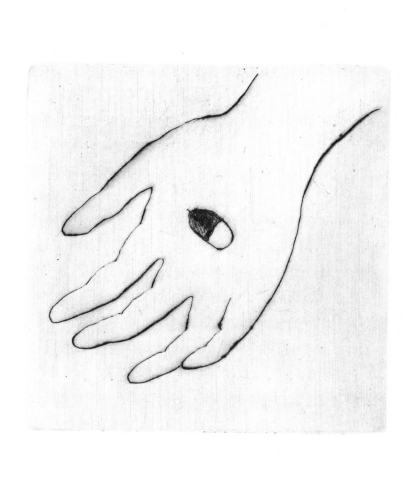

라 여기고 이해해주십시오. 다음에 도토리를 모아서 갖고 오겠습니다.

편지뿐 아니라 일기도 쓰지 못한다. '어디에 갔다' '누구를 만났다' '무엇을 먹었다' 정도의 짧은 메모라면 수첩에 남기지만, 제대로 된 일기는 태어나서 한 번도 쓴 적이 없다. 적어도 자발적으로는.

어느 신에게 답을 구해도 다 알 일이지만, 나는 일에 관해서는 성실하고 꼼꼼한 사람으로 마감에 절대 늦지 않는다. 오히려 더 일찌감치 끝낸다. 그런데 편지의 경우는 바로 꽁무니를 뺀다. 왜일까? 원고료를 안 주니까? 아니, 그런 건 아니다. 의뢰받지 않아도 흥미로운 화두가 떠오르면 거침없이 글로 풀어서 책상 서랍에 던져넣고는 그대로 잊어버리기도 한다. 그런데 아아, 편지는 못 쓰겠다.

작가 중에는 엄청난 수의 편지를 쓰거나 상세하게 일기를 쓰는 사람이 있다. 그게 사후에 공개되기도 하는데, 더할 나위 없이 가지

런하고 유려한 문장이다. 그런 걸 볼 때면 '대단해' 하고 진심으로 감탄한다. 나는 죽었다 깨어나도 하지 못할 일이다.

그런 작가들은 의뢰받은 원고를 쓰는 게 고역이어서 마치 게가 옆걸음질치듯 슬금슬금 사적인 편지나 일기로 도망친 거라는 설을 주장하는 사람도 있다. 그럴 수도 있겠다. 내 경우는 그와 정반대로 오히려 편지 답장을 피하기 위해 슬금슬금 청탁원고를 쓰는 경향이 있다. 그만큼 일은 나서서 하지만 편지의 답장은 미루고 미루게 된다.

지금도 답장을 써야 하는 편지가 책상에 다섯 통이나 쌓여 있다. 컴퓨터에도 답장을 기대하는 메일이 다섯 통 정도 있다. 그런데 모든 것을 뒤로하고 마치 알리바이를 확보하듯 특별히 급하지도 않은 에세이 원고를 쓰고 있다. 대책이 없다. 어쩌면 좋을까.

뭐, 됐다, 내일 생각하자.

 '약혼[콘야쿠] 파기'라는 말을 들으면 언제나 버려진 곤약[콘냐쿠]이 떠오릅니다.
썰렁한가요?

오피스　아워

　보스턴 교외에 있는 다후츠 대학에 소속되어 일본문학을 강의한 적이 있다. 미국 대학에는 대개 한 주에 한 번 '오피스 아워'라는 것이 있는데, 학생이 교수를 찾아가 가볍게 환담할 수 있는 시간을 가리킨다. 다양한 국적의 다양한 학생이 오피스 아워에 내 연구실로 찾아와 커피도 마시고 도넛도 먹으며 이런저런 얘기를 나눴다.

　어느 날, 한 여학생이 "제가 쓴 단편소설을 읽어주셨으면 해요" 하고 찾아왔기에 "그러지" 하고 읽어보았다. 여느 때 같으면 그런 귀찮은 일은 하지 않지만 어쨌든 오피스 아워여서 나도 어지간한 건 흔쾌히 받아들였다. 물론 영문이었지만 길지도 않고 제임스 조이스같이 정교한 문체도 아니어서 쉽게 읽을 수 있었다. 그 학생은 그걸 '크리에이티브 라이팅(창작과)' 수업의 과제로 작성했다.

　전체적으로 잘 썼다고는 할 수 없지만 군데군데 훌륭한 구석이 있었다. 설명으로 흐르는 부분은 필요 이상으로 길고 지루했지만, 그렇지 않은 부분은 제법 생기가 있었다. 그런 작품은 비평하기 어렵지 않다. "이곳은 잘 썼는데 이곳은 좋지 않아. 그러니 이곳을 이

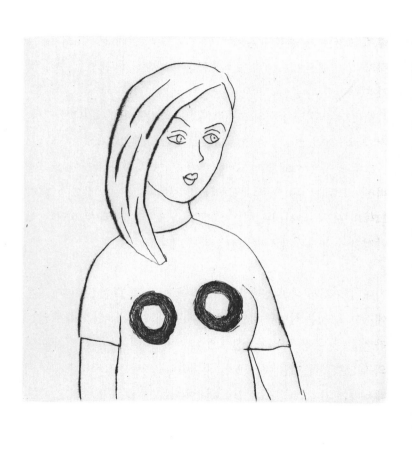

렇게 고치는 게 좋겠다"라고 하면 되니까. 그런데 전체적으로 '그 럭저럭' 평균점이 매겨지는 작품이면 곤란해진다. 조언할 수가 없기 때문이다.

내가 그런 비평을 하자 그녀는 당혹스러워했다. "그런데 선생님, 저희 교수님은 선생님과 전혀 다른 말씀을 해주셨어요."

요컨대 다른 여교수가 그녀의 작품을 보고 내가 칭찬한 부분을 비판하고 내가 비판한 부분을 칭찬한 것이다. 나는 난감했다. 내가 그녀의 지도교수를 비판할 수도 없는 노릇이고. 그래서 적당히 이야기를 수습하고 그 자리를 넘겼다. 뒷일은 모르겠다.

내가 여기서 하고 싶은 말은 창작이란 건 뭐 그런 것이다, 라는 얘기다. 이것은 상당히 극단적인 예지만, 뭐가 좋고 뭐가 좋지 않은가 하는 것은 경우에 따라 상대에 따라 완전히 달라진다. 가치 판단의 확고한 기준이란 것은 일단 존재하지 않는다. 요컨대 누구에게 배우냐에 따라 소설 쓰는 법이 완전히 달라질 수도 있다는 말이다.

무섭지 않은가.

그러나 실제로는 그렇게 무섭지 않을지도 모른다. 왜냐하면 결국은 제 몸에 맞는 옷을 입을 수밖에 없으니까. 맞지 않는 것을 떠맡겨봐야 어느 순간 저절로 벗겨질 뿐이다. 그러니 맞지 않는 것을 떠맡기는 것도 하나의 훌륭한 교육이 될지 모른다. 그 때문에 비싼 수업료를 내야 한다면 너무나 억울하겠지만.

이따금 오피스 아워를 하는 것도 나쁘지 않네, 하고 생각할 때가 있다. 늦가을 오후 좁은 연구실에 앉아 종이컵에다 묽은 커피를 마시며 누군가가 내게 무슨 얘긴가 하러 오기를 기다린다. 가끔은 이런 일도 괜찮다.

그런데 미안한 말이지만, 소설 습작은 되도록 갖고 오지 마시길.

 일본에서 던킨 도넛이 사업을 철수하고 긴 세월이 흘렀다. 국가적 비극이다.

생각 없는 난쟁이

어지간히 필요하지 않는 한 내가 쓴 책을 다시 읽지 않는다. 손에 들어보지도 않는다. 왜냐하면 부끄러우니까. 이상하게 찍힌 면허증 사진을 보고 싶지 않은 것과 마찬가지다(어째서 면허증 사진은 그렇게 이상하게 찍히는지). 덕분에 손가락 틈으로 모래가 새어나가듯 내가 어떤 얘기를 썼는지 술술 까먹는다.

그건 뭐 상관없지만 뭘 썼는지 기억하지 못하기 때문에 가끔 같은 얘기를 두 번 써버릴 때가 있다. 오래된 얘깃거리를 재활용하는 게 아니라 단지 기억력이 나쁜 것뿐. 그러니 '그거 전에도 읽었는데' 싶은 얘기가 있더라도 뒷산 원숭이나 마찬가지라 여기고(이것도 앞에서 써먹었죠) 웃으며 용서하시길.

그런 이유로, 이 얘기도 한 적이 있을지 모르지만 언제 어디였는지 전혀 기억나지 않으므로 일단 처음이라 생각하고 쓴다.

나는 단 음식을 좋아하지 않아서 과자류는 거의 먹지 않고 초콜릿도 내가 직접 사는 일은 드물다. 그런데 어째서인지 일 년에 두 번

정도 '어떡하든 지금 당장 초콜릿이 먹고 싶다' 하는 강렬한 욕망이 솟구친다. 그건 어느 날 갑자기 아무런 예고 없는 눈사태처럼 폭력적으로 나를 덮친다.

어째서 그런지 이유를 모르겠다. 어쩌면 내 몸속에 초콜릿을 좋아하는 성질 급한 난쟁이가 숨어 있는데, 녀석은 항상 어딘가 어두운 곳에서 쌔근쌔근 잠들어 있다가 어떤 계기에서인지 번쩍 깨어 "어이, 초콜릿, 초콜릿. 초콜릿은 어디 있어? 빌어먹을. 난 무슨 일이 있어도 지금 당장 초콜릿을 배 터지게 먹고 싶단 말이야. 이놈아, 빨리 초콜릿을 갖고 오라고" 하고 소리를 지르며 난동을 부리는 건지도 모른다. 바닥을 쿵쿵 구르고, 벽을 쾅쾅 치면서. 그런 감촉이 몸속에 있다.

그렇게 되면 나는 앞뒤 재지 않고 근처 편의점으로 달려갈 수밖에 없다. 그곳에서 초콜릿을 사서(언제나 글리코의 아몬드 초콜릿이다. 특별한 이유는 없지만) 난쟁이의 분노를 진정시켜야 한다. 길을 걸으며 안타까운 손놀림으로 봉지를 뜯어 마치 폭풍우 몰아치는 밤의 굶주린 악귀처럼 우걱우걱 한 통을 다 먹어버린다.

　이런 일련의 의식이 끝나면 난쟁이는 만족하고 난동을 멈추고는 이불을 말고 다시 쌔근쌔근 잠이 든다. 이런 초콜릿 발작(같은 것)이 일 년에 두 번 정도 찾아온다. 이다음에 언제 또 조급한 성미의 난쟁이가 눈을 뜰지는 신만이 아는 일이다.

　몇 년 전, 웬걸 그것이 2월 12일에 일어났다. 그러니까 밸런타인 데이 전전날이다. 나 원 참. 앞으로 이틀 뒤면 초콜릿 같은 건 얼마든지 먹을 수 있을 텐데, 어째서 하필이면 구시렁구시렁…… 한탄해봐야 아무 소용없다. 늘 그랬듯 편의점으로 달려가 글리코의 아몬드 초콜릿을 사 우걱우걱 마구 먹어치웠다. 예의 난쟁이는 그걸로 만족하고 잠들어버렸고, 이틀 뒤에는 초콜릿 따위 꼴도 보기 싫어졌다.

　정말로 난쟁이는 생각이 없다니까.

 화이트데이에 한 번도 답례한 적이 없는데 혹시 천벌 같은 거 받으려나?

여어, 어둠, 나의 옛 친구

사람은 누구나 몇 가지쯤 사소한 '자설自說'을 지니고 산다. 당신에게도 분명 있을 것이고 내게도 물론 있다. 내 경우는 그 설이 성립되는 범위가 마이너랄까, 상당히 한정된 것이어서 세간의 넓은 공감을 얻기는 어려운 것 같지만.

예를 들어 마빈 게이와 타미 테렐의 '유어 프레셔스 러브' 후렴 부분을 들은 적이 있는 사람과 없는 사람은 사랑의 감동에 대해 반응하는 정도가 요컨대 안주 한 개 분량만큼 다를 거라고 줄곧—약 사 년 정도— 확신했지만, 내가 이렇게 말한다고 해서 "맞아, 제대로 된 표현이야"라고 좋아해줄 사람은 아마 없을 것이다.

이것도 오래된 얘긴데, 과거 지하철 긴자 선 차량은 역에 정차하기 직전에 반드시 조명이 뚝 꺼졌다. 그리고 승객은 일 초 정도 칠흑 같은 어둠 속에 갇혔다. 언제부턴가 설비가 개량되어(서일 테지) 그런 일이 없어졌지만, 나는 어째서인지 그 어둠이 좋았다. 캄캄해질 때마다 '그렇지, 사람이 목적지에 도착하기 직전에는 항상 깊은 어둠이 찾아오지' 하고 혼자서 멋대로 고개를 끄덕이며 성찰하고,

'사운드 오브 사일런스' 시작 부분의 한 소절을 흥얼거렸다.

'헬로 다크니스, 마이 올드 프렌드……'

그런 의미에서 최근에는 긴자 선을 타도 별로 즐겁지 않다. 물론 나를 즐겁게 하고 성찰시키기 위해 지하철이 달리는 건 아니니 뭐 그건 어쩔 수 없다. 그러나 예전 긴자 선 차량을 탄 적이 있는 사람과 없는 사람은 인생의 암전에 대한 각오가 요컨대 안주 한 개 반 정도 다를 거라고 생각한다. 이것도 내 개인적 자설 중 하나다.

그리스의 미코노스 섬에서 겨울을 보내고 있을 때, 정전은 일상다반사였다. 이웃 섬에서 발전한 전력을 해저케이블로 끌어오기 때문에 도중에 곧잘 사고가 생겨 전기가 자주 끊겼다. 한번은 레스토랑에서 저녁을 먹는데 아무런 전조 없이 칠흑 같은 어둠이 내렸다. 멀리서 파도 소리만 들려올 뿐 아무것도 보이지 않았다. 이윽고 웨이터가 익숙한 손길로 양초를 들고 왔다. 희미한 불빛 아래 우리는 조용히 식사를 계속했고, 그건 그것대로 그럭저럭 분위기가 있었다.

미코노스 섬뿐만 아니라 도쿄에서도 여성과 식사중에 정전이 되는 일이 몇 번 있었다. 내가 레스토랑에서 여성과 마주 앉아 있을 때면 어째서인지 자주 불이 꺼진다. 혹은 그런 별 아래(어느 별 아래람?) 태어났는지도 모른다.

그럴 때 나는 어떻든 테이블 너머로 손을 뻗쳐 상대의 손에 포개고 싶어진다. 아니, 시커먼 속셈이 있어서 그런 건 아니고 캄캄한 레스토랑의 테이블 너머로 맞은편 여성의 손에 가만히 내 손을 포개는 것은 세상에서 가장 타당하고 자연스럽고 예의바른 행동의 하나라고 나는 생각한다. 이를테면 숙녀를 위해 문을 열어 그대로 잡고 있는 것과 같은. 그러나 이런 내 자설을 상대도 정당하다고 여길까? 이래저래 갈등하는 사이에 불이 번쩍 켜지고, 모든 것은 지루한 일상으로 돌아가버린다.

그런데 아무리 생각해도 요즘 긴자 선은 시시하다.

 어둠 속에서 스키야키를 먹는 건 꽤 어려울 것 같죠. 특히 실 모양의 곤약 같은 건.

서른 살이 넘은 녀석들

내가 대학생 때 '서른 넘은 놈들을 신용하지 마라' 라는 말을 흔히 들었다. Don't trust over thirty, 어른을 믿지 마라, 하는 의미다. 그런데 어째서 그렇게 자기 자신을 저주하는 말을 진지하게 할 수 있는 걸까? 자신도 머잖아 틀림없이 서른이 될 텐데 말이다. 하기야 내가 서른이 되었을 때는 농담 삼아 "마흔이 넘은 인간을 신용하지 마라"고 했지만. 그래서 마흔이 되면…… 끝이 없으니 관두자.

우리가 스무 살이던 시절에는 분명 자신이 서른을 넘으면 지금의 어른과는 전혀 다른 종류의 어른이 될 거라고 굳게 믿었다. 그리고 세상은 확실히 좋아질 거라고 생각했다. 이렇게 의식 수준이 높고 이상에 불타는 우리가 어른이 되니 세상이 나빠질 리 없겠지. 나쁜 것은 지금 저기 있는 어른이다. 머잖아 전쟁은 사라지고 빈부 격차도 줄고 인종차별도 없어질 거야, 진지하게 그렇게 생각했을 것이다. 존 레넌도 (아마) 진지하게 그렇게 생각했을 것이다. 체 게바라도 (아마) 진지하게 그렇게 생각했을 것이다.

그러나 실제로는 유토피아가 도래하지 않았다. 전쟁도 빈곤도

인종차별도 없어지지 않았고, 우리는 서른을 넘었고, 대부분 옛날의 그 지루하고 멍청한 어른이 되었다. '바보 같다'고 당신은 생각할지도 모른다. 이제 와서 보면 나도 그렇게 생각한다. 바보 같다. 그러나 자신이 그 시절, 그 장소에 있을 때는 전혀 바보 같지 않았다. 그건 상당한 설렘이었다. 비틀스는 'All You Need Is Love'를 노래했고, 낭랑하게 트럼펫이 울렸다.

유감스럽게, 라고 해야 할 테지만 그런 낙관적인 시대는 그때 끝나버렸다. 요즘 '앞으로 세상은 점점 좋아질 거야'라고 믿는 젊은이는 눈을 씻고 보아도 찾기 어렵다.

내 경우에 서른 살이 넘어 달라진 거라면 소설가가 되어 생활을 일신한 것이었다. 담배를 끊고, 일찍 자고 일찍 일어나고, 하루도 빼놓지 않고 달렸다. 그때까지는 엄청난 골초에다 올빼미형이었으니 상당히 획기적인 변화였다. 그후로 현재에 이르렀다.

그리고 마음 한구석으로 '나를 신용할 수 없다'고도 생각한다. 요컨대 일찍이 제시한 명제 '서른 넘은 놈들을 신용하지 마라'를 어떤 의미에서 계속 지키고 있다. 그러니까 나의 어디를 신용하지 못하는가 하면……. '앞으로 세상은 확실히 좋아질 것이다'라고 확신하던 모습은 대체 어디로 사라진 것일까. 지금은 아무 일도 없었던 것처럼 마이페이스로 건강 면에서나 사적인 면에서나 담담하게 일상을 보내고 있으니…… 이것이 내가 나 스스로를 별로 신용할 수 없는 부분이다.

이런 얘기를 굳이 쓸 마음이 든 것은 요전에 존 레넌과 체 게바라에 관한 영화를 연달아 보았기 때문이다. 그래서 '아아, 그렇지. 이런 시대가 실제로 있었지' 하며 나름대로 깊은 생각에 잠겼다. "그래도 사랑이 전부다"라고 단호히 말할 수 있다면 좋겠지만.

 초밥 만드는 사람이 컨베이어벨트를 타고 나오는 회전초밥은 없죠? 눈이 돌아가기 때문일까?

오키프의   파인애플

파인애플을 보면 미국의 화가 조지아 오키프가 생각난다. 그것은 그녀가 그 과일을 그렸기 때문이 아니라, 오히려 한 장도 그리지 않았기 때문이다.

오키프는 1938년에 석 달 정도 하와이에 체류했다. 파인애플 통조림으로 유명한 돌 사의 초대를 받았기 때문이다. 비용은 전부 댈 테니 마음껏 하와이에 머물며 광고에 쓸 파인애플 그림 한 장만 그려달라는, 실로 배포 큰 제안이었다.

오키프 씨는 이혼의 상처를 달랠 겸 제안을 받아들였고, 여객선을 타고 하와이에 도착해 섬 이곳저곳을 돌아다니며 그림을 그렸다. 눈에 보이는 모든 신선한 것이 그녀의 창작의욕을 부추겼다. 주로 식물이 그녀의 관심을 끌었다. 벨라도나, 하비스쿠스, 플루메리아, 꽃생강, 연꽃…… 많은 아름다운 그림이 그곳에서 탄생했다. 그런데 그녀는 파인애플만은 그리지 않았다.

'어째서?'라고 생각할 것이다. 나 역시 그렇게 생각한다. 파인애플쯤이야 한 개 그냥 쓱쓱 그리면 되지 않나? 기술적인 건 잘 모르

지만 그리기 특별히 어려운 오브제는 아닐 터다. 뭐 '커다란 오징 어하고 커다란 문어가 한밤중에 다다미 넉 장 반짜리 방에서 서로 사랑하고 있는 광경을 부탁합니다'라는 주문도 아니고.

그런데 그녀는 끝내 파인애플을 한 장도 그리지 않은 채, 그대로 뉴욕 집으로 돌아가버렸다. 예술가라는 사람은 예민하달까, 변덕스럽달까, 대하기가 까다롭다. 단순히 무책임하다고 표현할 수도 있겠지만.

그러나 돌 사 입장에서는 난처한 노릇이었다. 결국 그녀의 아파트로 파인애플 나무를 떡하니 보냈다. '자, 이걸 그려주세요' 하고. 이렇게까지 나오니, 오키프 씨도 도리 없이 파인애플을 그려서 하와이로 보냈다. 하지만 그것은 돌 사가 기대했던 그림이 아니라 파인애플 꽃의 가련한 봉오리를 그린 것이었다. 꽃생강 그림도 동봉했다. 두 그림 다 아름답긴 했지만 통조림 광고용은 아니었다.

이유는 모르겠으나 파인애플을 어지간히 그리기 싫었던 모양이다. 어쨌거나 이 두 그림은 지금 상당한 가격으로 불릴 테니 돌 사도 그녀를 초청하느라 들인 비용쯤은 너끈히 회수했을 터다. 모든 일의 득실은 긴 안목으로 보지 않으면 모르는 법이다.

이런 얘기를 읽으면 나도 한번쯤 이렇게 대담한 짓을 해보고 싶다는 생각이 든다. 그러나 천성이라고 해야 하나, 그러질 못한다. 나라면 하와이에 도착해 우선 파인애플 그림부터 하나 그려서 의무를 다하고 그다음에 하고 싶은 일을 할 것이다.

그러나 오키프 씨는 '흥, 난 그리고 싶은 걸 그리고 싶은 대로 그릴 거야. 파인애플 따위'라는 식으로 마음 내키는 대로 살았다. 부럽기도 하고 인생이 팍팍하겠다 싶어 염려스럽기도 하다.

사람의 성격이란 건 뭐 논리로 이렇게 저렇게 되는 게 아니라는 생각을 곰곰이 해본다.

 '갓파라이 주의'라는 간판에 누군가가 매직으로 '라이'를 뭉개놓았다 '갓파라이'는 날치기꾼, '갓파'는 전설 속 동물을 의미함. 별 한가한 인간도 다 있다.

마치 표범처럼

일본 프로야구가 언제부터 그리 재미없어졌는가 하는 것은 아주 어려운 문제로, 나도 아직 그 정확한 포인트를 찾아내지 못하고 있다.

일본 시리즈가 주간경기를 하지 않은 때부터일지도 모르고, 돔구장이 늘어나고 제트풍선과 화려한 치어걸이 등장하기 시작한 무렵부터일지도 모르고, 투수가 완투하는 시합이 극단적으로 줄었을 때부터일지도 모르고, 그 꼴사나운 에가와 문제1978년 투수 에가와 선수의 드래프트를 둘러싸고 일어났던 스캔들가 불거졌을 때부터일지도 모르고, 나고야 모 팀의 감독과 투수가 불쌍한 심판을 두들겨패 골절상을 입히고 입원까지 시키고도 가벼운 처벌밖에 받지 않은 때부터일지도 모른다. 어찌 됐든 그런 일이 조금씩 쌓여 야구라는 스포츠에 예전만큼 순수한 애착을 가질 수 없게 된 것 같다.

그리고 결정타가 된 것이 최근의 '클라이맥스 시리즈'다. 내가 보기에 그런 건 상업적으로 대충 만든 어설픈 연극 같은 것이다. 리그 우승도 하지 못한 팀이 일본 시리즈에 출장하다니, 무슨 설명을

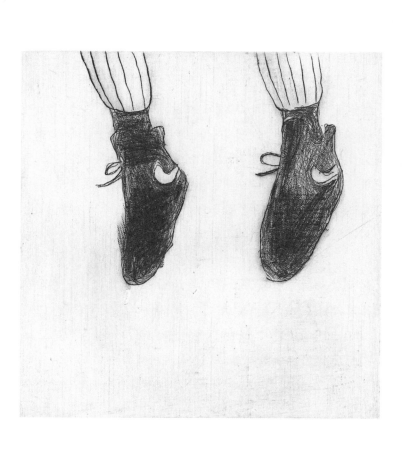

덧붙여도 납득이 되지 않는다. 메이저리그의 플레이오프와는 이야기가 다르다.

이렇게 끝없이 투덜거리면서도 매일 밤 텔레비전 앞에 앉아 야구를 보고 스포츠뉴스를 체크하고 틈이 나면 진구 구장에 가 완두콩을 안주 삼아 생맥주를 마신다. 어째서냐고 당신은 물을지도 모른다. 그렇게 물으면 으음, 대답이 궁하다. 하지만 결국 마음에 들지 않는 것투성이긴 한데 그래도 아직은 야구라는 스포츠에 멋있는 구석이 엄청나게 많아서, 라고밖에 할 수 없을 것이다.

이 년쯤 전의 일인데, 보스턴의 펜웨이 구장에서 레드삭스 대 양키스의 시합을 보았다. 3루 측 뒷자리여서 3루수가 수비하는 모습을 바로 코앞에서 볼 수 있었다. 양키스의 3루수는 물론 알렉스 로드리게스. 시합이 시작되고부터 끝날 때까지 투수도 타자도 제대로 보지 않고 그의 수비만 관찰했다. 어째서냐고? 그 움직임이 아름다울 만치 훌륭해서. 공 하나하나마다 미묘하게 위치를 이동하여 자세를 가다듬었다. 한 시합에 백오십 번의 피칭이 있었다면 정확히 백오십 번의 까치발을 했고, 마치 표범처럼 온몸에 힘이 넘쳐났다. 그 리듬이 훌륭했다. 어느 공 하나 힘을 빼지 않았다.

대단한 고액연봉을 받으니 그런 기본적인 것은 당연히 해야지, 라고 하는 사람도 개중에 있을지 모른다. 그건 그렇다. 그러나 게으름 피우고 사소한 부분에서 꾀를 부리는 고액연봉자도 세상에는 꽤 많으니까. 로드리게스 선수는 역시 대단하구나 하고 감탄하면서 만족하며 구장을 뒤로했다. 생맥주도 마셨고 핫도그도 먹었고…… 어느 쪽이 이겼는지, 마쓰이는 한 방 쳤는지 전혀 기억나지 않는다. 하지만 그날 밤의 경기는 지금도 내 뇌리에 생생한 이미지로 남아 있다. 일부러 구장까지 간 보람이 있었다.

프로라는 것은 그런 것이더군요. 나도 배워야지.

 일본에서 가장 아름다운 구장은 역시 고시엔 구장이라고 생각합니다. 최근에는 별로 가지 않았지만.

이제　그만둬버릴까

'메무아르'는 일반적으로 '회고록' '자서전'으로 번역되지만, 아무래도 말이 너무 딱딱하고 묵직해서 잘 와닿지 않는다. 굳이 말하자면 '지금까지의 인생에서 듣고 보고 생각한 것을 책으로 정리했습니다'쯤 되겠다. 해외 서점에는 대개 '전기' 코너가 있고 거기에 메무아르도 포함되어 있다. 일본 서점에는 일단 그런 부문이 없다. 어째서일까.

교토의 한 헌책방에서 조지 마틴의 회고록 《귀야말로 모든 것All You Need Is Ears》을 발견하고, 돌아오는 신칸센에서 푹 빠져 읽다가 덕분에 휴대전화를 자리에 두고 내려버렸다. 마틴 씨는 비틀스의 프로듀서이자 전설적인 존재로, 책 제목은 물론 히트곡 'All You Need Is Love'의 패러디다.

이런 유의 책은 하나같이 비슷하다고 할까, 페이지를 펼치기 전부터 가장 스릴 있는 부분이 대충 예상된다. 리버풀에서 온 네 명의 이름 없는 로큰롤 가수가 우연한 기회에 세계적 영웅으로 부상하기까지의 숨넘어가도록 흥미진진한 몇 년 동안(혹은 몇 개월 동안)을

그린 대목이다. 밑바닥에 있을 때나 정점에 선 뒤의 얘기는 말하자면 그 전후의 부록 같은 것이다.

비틀스 팬이라면 다 아는 사실이겠지만(나는 몰랐으나), 무명시절 네 명은 데모 녹음을 갖고 레코드사를 이곳저곳 찾아다녔다. 그러나 아무도 상대해주지 않아 '이제 음악 따위 그만둬버릴까' 하고 자포자기하게 되었다. 지역 클럽에서는 제법 먹혔지만 레코드사의 높은 사람들은 그 음악을 전혀 인정하지 않았다. 보수적인 그들에게 그런 음악은 한낱 소음에 지나지 않았다.

그러나 대형 음반사 EMI 산하의 파로폰이라는 소규모 레이블을 맡고 있던 조지 마틴은 비틀스의 음악을 듣고 '좀 거칠긴 하지만 묘하게 마음을 끄는 데가 있다'고 생각했다. 음악보다는 코미디 음반을 만드는 것이 그의 주요 업무였지만, 주위의 야유 속에서도 자신의 직감을 믿고 용기내어 네 청년과 계약을 했다. 만약 마틴 씨가 머뭇거리고 주저했더라면, 어쩌면 존도 폴도 그대로 음악에 마침표를 찍고 뭔가 건실한 일을 했을지도 모른다. 이를테면 우체국 직원이라든가.

인생, 앞날은 알 수 없다.

*

나는 서른 살 때 한 문예지의 신인상을 받고 작가로 데뷔했다. 출판사에 인사하러 갔더니 편집장인 듯한 사람이 "당신 작품은 상당히 문제가 있지만 뭐('적당히'라는 뉘앙스로) 한번 해보세요" 하고 상당히 쌀쌀맞게 말했다. 그때는 '그렇구나, 나한테 문제가 있구나' 하고 순순히 받아들이며 돌아왔다.

비틀스와 비교하는 것은 쑥스럽지만, 회사란 '문제가 있는 것'을 좋아하지 않는다는 걸 절감했다. 남달리 개성이 강한 것, 전례가 없는 것, 발상이 다른 것, 그런 것은 거의 자동적으로 배제한다. 그런 흐름 속에서 '동요하지 않고 꿋꿋할' 사원이 얼마나 있는가로 회사의 기량 같은 것이 정해지는 것 같다.

내가 생각한다고 뭐가 어떻게 되는 건 아니지만, 일본 경제는 앞으로 대체 어떻게 될까요.

 신칸센에 두고 내린 휴대전화가 스타벅스의 미니컵 모양 스트랩을 달아놓은 것이었습니다. 역무원에게 설명하기 쑥스럽더군요.

악마와 깊고 푸른 바다 사이에서

영어에 '악마와 깊고 푸른 바다 사이에서'라는 표현이 있다. 궁지에 몰렸다거나 절체절명의 상태를 의미한다. 그런 경우에 닥치면 양자택일을 해야 하는데 어느 쪽을 택해도 구원은 없다.

영국의 테런스 래티건이라는 극작가가 《바다는 깊고 푸르고》라는 희곡을 썼다. 가스자살을 시도했다가 실패한 젊은 여성에게 아파트 관리인이 물었다. "왜 그런 짓을 했나요?" 대답은 이렇다. "앞에는 악마, 뒤에는 깊고 푸른 바다, 그런 절박한 상황에 몰리면 깊고 푸른 바다가 매혹적으로 보일 때가 있어요. 어젯밤 내가 그랬죠."

나는 대학생 때 이 희곡을 읽고 '그렇구나, 악마와 깊고 푸른 바다 사이에 끼게 될 때도 있구나' 하고 온전히 감동했다고 할까, 바싹 다가오는 악마와 낭떠러지 사이에 낀 나를 상상하니 몹시 실감 났다. 나도 어느 쪽인가 선택하라고 한다면 바다에 뛰어들어버릴지도. 악마에게 잡혀먹고 싶진 않으니까.

어째서 이 여성이 자살에 실패했는가 하면, 당시 영국의 가구 옵션이 딸린 아파트나 하숙집에서는 동전을 넣은 만큼 가스가 공급되

는 시스템이었기 때문이다. 동전이 부족한 탓에 가스가 도중에 끊겨버린 것이다. 내가 런던에 살던 1980년대 후반에는 아파트에서 동전식 가스가 이미 자취를 감췄지만.

어릴 때 여름이면 매일같이 집 근처 해수욕장에 가 실컷 수영을 했다. 지금도 바다 수영이 좋아서 한 해에 한 번은 철인3종 경기에 나간다. 그렇게 빠르지는 않지만.

바다 수영의 즐거움은 조금만 먼바다로 나가도 아무도 없다는 데 있다. 수영장은 복닥거리고 옆 레인에서 경쟁을 걸어오기도 해서 성가시지만 바다에서는 그런 일이 없다. 제 나름의 페이스로 느긋하게 마음 내키는 대로 헤엄칠 수 있다. 피곤하면 누워서 하늘을 봐도 된다. 갈매기가 가로지르고 하얀 여름 구름이 떠 있는.

물론 즐거운 일만 있는 건 아니다. 나는 몇 번이나 무서운 일을 당했다. 해파리에게 쏘인 적도 있고 세찬 파도에 더 먼바다까지 떠밀려간 적도 있다. 발에 쥐가 난 적도 있다. 아직 상어는 만난 적이 없지만 커다란 가오리는 꽤 여러 번 만났다.

가장 무서웠던 순간은 하와이 바다에서 웅덩이 같은 곳을 헤엄쳐 지날 때였다. 그곳만 바닥이 움푹 깊어졌다. 물은 한없이 투명하고 정적 그 자체여서 마치 고층빌딩 틈새의 상공을 맨몸으로 떠다니는 듯한 착각이 엄습했다. 고소공포가 있는 나는 앞이 캄캄하고 등이 오싹해지면서 몸이 움츠러들었다.

악마도, 깊고 푸른 바다도 어쩌면 바깥이 아니라 내 마음 안에 있는 것일지 모른다. 그 한없이 깊은 해저의 웅덩이를 떠올릴 때마다 그런 생각이 든다. 그것은 늘 어딘가에서 잠재적으로 우리가 지나가기를 기다리고 있다. 그렇게 생각하니 인생이란 게 뭔가 두렵군요.

 예식장 광고에 '약혼한 뒤에는 너무 늦다'라고 하던데, 그런 말을 해도

택시   지붕이라든가

나는 내 책에 사인을 하지 않는다. 지인에게 신간을 보낼 때도 사인 없이 보낸다. 그러면 받는 사람도 심리적 부담 없이 나중에 처분하기도 쉬울 테고.

사인회도 열지 않는다. 사인회를 열 마음이 들지 않는 것은 첫째, 반드시 업자들이 찾아오기 때문이다. 장사를 목적으로 사인본을 모으는 전문 업자들. 사인회 다음 날이면 이미 사인본이 인터넷 경매에 올라 있기도 하다. 일반 독자를 위해 사인하는 것은 전혀 싫지 않지만 돈벌이를 제공해주는 거라고 생각하면 왠지 마음이 내키지 않는다.

외국에서는 이따금 사인회를 연다. 현지 출판사 초청으로 갈 때가 많은데 그런 경우에는 캠페인의 일환으로 일정에 사인회가 들어 있기 때문에 하지 않을 수 없다. 그런 이유로 지금까지 여러 나라에서 사인회를 했다. 외국 사인회에도 업자들이 찾아온다. 사람이 하는 일은 세계적으로 다 똑같구나 하고 감탄하게 된다.

가장 기억에 남는 사인회는 스페인 바르셀로나에서 한 것으로,

두 시간 가까이 했는데도 사람이 많아서 시간이 부족했다. 게다가 여자아이들이 책에 사인을 받은 뒤 "무라카미 씨, 키스해주세요"라고 하는 바람에 나는 어쩔 수 없이(거짓말이다) 자리에서 일어나 뺨에 키스를 했다. 계속 그렇게 하니 시간이 걸리지 않을 수 없었다. 출판사 사람은 "시간 없으니 키스까지는 하지 마세요"라고 했지만, 그런 기회는 흔치 않으므로 "아뇨, 작가로서 마지막까지 의무를 다하겠습니다"라고 주장하며 원하는 대로 키스해주었다.

사인하고 악수를 청하는 일은 흔히 있지만, 키스를 원한 것은 스페인뿐이다. 게다가 멋진 아가씨들이 많아서…… 아, 이 얘기는 이제 그만해야지. 세상의 미움을 한몸에 살 것 같다.

나는 '이로가미'라는 것이 도저히 좋아지지 않는다. 정사각형의 두껍고 하얀 종이에(타원형인 것은 본 적이 없다) 무샤노코지 사네아쓰 선생이 '다정하게 지내는 모습이 아름답기 그지없구나'라고 쓰고 옆에다 피망 같은 그림을 그려놓은 종이 같은 것. 지방 여관에 머물면 가끔 주인이 이로가미를 가져와 "한말씀 써주시겠습니까?"
부탁할 때가 있다. 대부분은 "책 이외에는 서명하지 않습니다" 하
고 비교적 단호히 거절하지만, 거절하기 어려운 경우에는 구석에
다 조그만 글씨로 이름만 깨작거리고 적당히 그 자리를 모면한다.
소심한 개가 광장 한구석에다 찔끔 오줌을 싸는 것처럼. 물론 피망
같은 건 그리지 않는다. 커다란 오징어도 파인애플도 그리지 않는
다. '인생은 등산이다' 같은 말도 쓰지 않는다. 달랑 이름만. 너무
썰렁해서 다들 실망한다. 민망하지만 재주가 없어 미안합니다.

　예전에 요미우리 자이언츠의 내야수였던 데이비 존슨은 "일본에
서 택시 지붕과 여성 브래지어에다 사인을 요청받은 적이 있다"고
밝혔다. 나는 아직 어느 쪽도 없었다.

 수세식 화장실에 '대소' 레버가 있는데, 그걸 '강약'으로 하면 안 되는 걸까?

딱   좋다

나는 제법 나이를 먹었지만, 나 자신을 절대 '아저씨'라고 부르지 않는다. 아니, 실제로는 분명 아저씨랄까, 영감이랄까, 틀림없이 그쯤 됐지만 스스로는 그렇게 부르지 않는다. 왜냐하면 "나는 뭐, 아저씨니까" 하고 말하는 시점부터 진짜 아저씨가 돼버리기 때문이다.

여성의 경우도 마찬가지다. "이제 아줌마가 다 됐네"라고 말하는 순간(설령 농담이나 겸손이었다 해도) 그 사람은 진짜 아줌마가 돼버린다. 일단 입 밖에 낸 말은 그만한 힘을 발휘한다. 정말로.

사람이란 나이에 걸맞게 자연스럽게 살면 되지 애써 더 젊게 꾸밀 필요는 없다고 생각한다. 마찬가지로 애써 자신을 아저씨나 아줌마로 만들 필요도 없다. 나이에 관해 가장 중요한 것은 되도록 나이를 의식하지 않는 것이다. 평소에는 잊고 지내다가 꼭 필요할 때 혼자서 살짝 머리끝쯤에서 떠올리면 된다.

*

매일 아침 세면대 앞에서 세수를 하고 이를 닦는다. 그리고 거울

속의 얼굴을 점검한다. 그럴 때마다 '음, 큰일이군. 늙었어'라고 생각한다. 그러나 동시에 '그렇지만 실제로 늙었으니 별수 없지'라고도 생각한다. 이 정도면 딱 좋지 않은가 하고.

그렇게 자주는 아니지만 가끔 길을 걷다가 독자(일 테죠)가 말을 걸거나 악수를 청하며 "만나서 기쁩니다"라고 할 때가 있다. 그때마다 "난 매일 아침 거울을 보지만, 그때마다 내 얼굴이 지긋지긋한걸요"라고 말하고 싶어진다. 이런 사람을 길에서 만나 뭐가 왜 기쁘다는 걸까.

그렇긴 하지만 뭐, 이런 사람을 만나서 조금이라도 기뻤다면 나로서는 감사한 일이죠, 네.

어쨌든 내게는 '딱 좋다'가 인생에서 하나의 키워드가 되었다. 잘생기지도 않고 다리도 길지 않고, 음치에 천재도 아니고 생각해보면 괜찮은 구석이라곤 눈곱만치도 없지만, 그래도 나는 '이 정도면 그냥 딱 좋지 않은가' 하고 생각한다.

사실 여성에게 인기가 많으면 인생이 여러모로 시끄러워질 테고, 다리가 길어봐야 비행기에서 불편할 뿐이고, 노래를 잘하면 노래방에서 목을 너무 많이 써서 목에 용종이 생길 뿐이고, 섣부른 천재였다가는 재능이 언제 다할까 안절부절못할 테고…… 생각하기 시작하면, 지금 있는 그대로의 내 자신으로 충분하지 않을까 싶다. 특별히 이렇다 할 불편함도 없으니.

그런 경우에 '이쯤이 딱 좋네' 하고 **여유롭게** 생각하면, 자신이 아저씨(아줌마)든 어떻든 상관없다. 나이 같은 건 관계없이 그저 '딱 좋은' 사람일 뿐이다.

나이에 대해 이것저것 생각이 많은 분은 되도록 이렇게 생각해 보시길. 경우에 따라서는 간단하지 않을지도 모르지만, 뭐 피차 애써봅시다.

 태어나서 아직 한 번도 노래방에서 노래를 부른 적이 없습니다. 뭐, 괜찮습니다.

신문이란   무엇?

미국 신문을 읽다가 이런 토막 만화를 보았다. 엄마가 신문을 펼쳐들고 두 남자아이에게 말한다. "신문을 보니 우체국에서 토요일에는 배달을 안 하기로 했다는구나." 한 아이는 "음, 우체국이 뭐야?", 다른 아이는 "음, 신문이 뭐야?" 하고 묻는다. 둘 다 컴퓨터에서 잠시도 눈을 떼지 않고 유튜브와 메일을 체크하고 있다. 나도 모르게 웃어버렸지만 한편으로는 뭐, 웃을 일도 아니지 하고 생각했다. "우체국이 뭐야?" "신문이 뭐야?" 하는 시대가 실제로 눈앞까지 다가온 것 같다. 어느 틈엔가 공중전화가 거리에서 사라져버린 것처럼.

신문도 휴간일이 있다. 일본신문협회에 소속된 신문사는 한 달에 한 번 꼴로 신문을 발행하지 않는다. 배달도 하지 않고 역에서도 팔지 않는다. 즉 특수한 예외를 제외하고 일본 전역에서 신문이 모조리 사라져버리는 것이다. 나는 몇몇 나라에 살며 신문을 받아봤지만 신문을 쉰다는 얘기는 들은 적이 없다. 매일 발간하니까 일간

지이지 하루라도 쉬면 의미가 없다. 당신의 심장이 "매일같이 열심히 일했더니 피곤해서 미안하지만 오늘은 하루 쉴게요"라고 말하는지? 신문이란 사회의 고동을 전하는 공기公器 아닌가.

"서로 한 번씩 교대로 쉽시다"라고 한다면 양보할 수 있을지도 모른다. 그런데 전국의 신문이 같은 날 일제히 쉬는 것은 아무리 그래도 심하다. 신문사는 '신문배달부를 쉬게 하기 위해'라고 하지만, 그런 문제는 노동조건을 고려하면 되는 일이고 그것 때문에 신문을 쉬는 것은 목적과 수단이 완전히 전도된 것이다. 왜 미국에서는 휴일 없이 배달되는데 일본에서는 안 되는지 그 이유를 알고 싶다.

이런 얘기를 하면 신문사에서 추근추근 괴롭히는 것이 업계의 상식이다. 나도 그런 경험을 한 적이 있다. 전에 이런 유의 글을 썼더니 신문사의 높은 사람이 득달같이 달려와 설교 같은 것을 잔뜩 하고 돌아갔다. 요컨대 부드러운 협박이었다. 그래서 많은 사람들이 입을 다문다. 모난 돌이 정 맞는 것은 분명 사회의 일반적인 이

치다. 담합과 이지메를 소리 높여 비판하는 언론이 스스로도 같은 일을 하다니 한심하다. 이런 식이라면 큰코다칠 텐데 싶었는데 아니나 다를까 사람들이 점점 신문을 읽지 않게 되었다.

결국 신문 휴간일 덕분에 사람들은 거기에 익숙해져서 '신문이 없어도 별로 불편하지 않네'라고 생각하게 됐는지도 모른다. 만약 그렇다면 스스로 제 무덤을 판 격이다.

나만 해도 신문 사는 기쁨을 느끼는 건 이미 〈뉴욕타임스 북리뷰〉 정도인 것 같다. 이것도 인터넷으로 읽을 수 있지만 일요일 아침에 그 묵직한 일요판을 사러 가는 즐거움은 무엇과도 바꿀 수 없다. "음, 일요판이 뭐예요?" 같은 질문이 안 나오면 좋겠는데.

비판은 비판이고(그 정도의 의견을 말할 권리는 있을 터다) 신문인 여러분, 여러모로 힘들겠지만 애써주시길.

 지상파방송 디지털화 같은 거 정말 성가시네요. 전부 다 끊어버릴까 생각중인 요즘입니다.

커뮤니케이션이 　필요하다

프랑스에 조르주 심농이라는 작가가 있다. 적확한 문체와 날카로운 관찰안, 거기서 배어나는 느낌 있는 분위기가 특기였고, 매그레 시리즈로 세계적인 인기를 얻었다. 그는 이백 권이 넘는 저작뿐만 아니라 의욕적인 우머나이저(색한)로도 유명하다.

늘그막에 작가 스스로 한 고백에 따르면 "열세 살 때 시작해서 지금까지 약 일만 명의 여성과 성관계를 가졌다"고 한다. 물론 이런 유의 고백에는 과장이 따르기 마련이어서 액면 그대로 받아들일 수는 없다. 부인은 그의 사후에 일만 명이라는 건 있을 수 없다며 "고작해야 천이백 명 정도 아니었을까요?"라고 말했다. 그러나 그것도 엄청나다.

부인의 증언에 따르면 심농은 하여간 주위 여성과 닥치는 대로 관계했다고 한다. 그 요구에 응하는 주위 여성들도 문제가 있지만, 그걸 알면서 횟수를 세고 있던 부인도 대단하다. 대체 이 부부 뭔가요.

심농은 "나는 섹스를 악덕으로 보지 않는다. 나는 그저 커뮤니케

이션이 필요할 뿐이었다"라고 표명했다. 그러나 내 생각에 세상 사람들은 일반적으로 설령 성적인 관계가 아니더라도 주위 사람들과 어떻게든—항상 충분하다고는 할 수 없어도— 커뮤니케이션을 꾀하며 살아간다. 그러니 소통을 위해 일일이 섹스한다면 몸이 어찌 버티겠는가.

심농 씨 본인은 노벨문학상을 노렸던 모양인데 결국 받지 못했다. 그러나 그런 건 별로 상관없는 일이다. 생각해보라, 삼 년 전 누가 노벨문학상을 받았는지. 전혀 기억나지 않는다. 하지만 심농이 섹스마니아였다는 것은 전설이 되어 문학사에 찬연히(는 아닌가) 빛나고 있다.

말할 것도 없지만, 섹스에서 중요한 것은 수가 아니라 질이다. 질에 만족하면 상대가 한 명이어도 상관없고, 설령 일만 명의 이성과 잤다고 해도 마음에 쿵 오는 것이 없다면 모든 것은 시간과 정신의 낭비에 지나지 않는다.

섹스와는 관계없는 이야기지만, 나는 LP판을 모은다. 열세 살 때부터 사 모아서 지금은 그 양이 상당하다. 대부분 오래된 재즈인데 "몇 장 정도 있습니까?" 물어도 모른다. 많이 사고 많이 처분해서 세고 있을 여가가 없다. 대략 일만 장은 넘지 않을까 짐작하지만 확신할 수는 없다.

아, 그래서 무슨 말이 하고 싶은 건가 하면 수집(마음을 쏟는 대상)할 때의 문제는 수가 아니라는 것이다. 중요한 것은 당신이 얼마나 그걸 이해하고 사랑하는가, 그런 기억이 당신 안에 얼마나 선명히 머물러 있는가 하는 것이다. 그것이 커뮤니케이션의 진짜 의미일 것이다.

날마다 중고 레코드가게에 가서 곰팡내 나는 레코드 재킷을 손가락으로 넘기면서, 심농 씨도 분명 힘들었을 거라고 그의 노고를 추억했다. 세상에는 다양한 인생이 있다.

 '유데타테 스파게티'라는 간판을 내건 가게가 이웃에 있었다. 정말로 그 스파게티는 끓는 물에 서는 '갓 삶은'과 '끓는 물에 서는'이란 표현이 [유데타테]로 동음이의일 걸까?

달밤의 여우

이야, 올여름(무라카미 주:2010년을 말합니다)은 정말 덥더군요……라고 해야 할 텐데 나는 사실 전혀 덥지 않았다. 7월 중순부터 한 달 반쯤 북유럽에서 지냈기 때문이다. 낮에는 꽤 더울 때도 있었지만, 해가 지면 이불을 꼭 덮고 자야 할 만큼 서늘했다. 쾌적한 여름이었다. 미안합니다, 하고 일일이 사과할 일도 아니겠지만.

오 주 정도 오슬로에 있다가 그뒤 덴마크로 이동하여 묀Møn 섬에 머물렀다. 코펜하겐에서 자동차로 한 시간 반 정도 걸리는 발틱 해안에 떠 있는 아름다운 섬으로 아주 조용한(이랄까, 외딴) 곳이었다. 인구는 사만육천 명, 주요 산업은 청어잡이.

어째서 그런 데를 갔는가 하면 매년 여름 이 섬에서 문학제가 열리기 때문이다. 문학제라고 해서 거창한 건 아니고, 마리안느 씨라는 그 지역 아주머니가 기획하여 뚝딱뚝딱 혼자 여는 행사로 단 한 작가만 부른다. 해마다 "와주세요" 하고 초대를 해, 기왕 오슬로까지 간 길에 한번 가보기로 했다.

섬에서는 마리안느 씨네 서머하우스인 별채에 닷새간 머물렀다.

그리고 이틀 연속해서 고등학교 강당에서 강연과 낭독을 했다. 이런 곳에 사람이 모일까 불안했지만 덴마크 전역에서 많은 사람들이 와주었고 언론에서도 주목하는 등 아주 성황이었다. 오슬로에서도 같은 행사를 했지만, 사람들이 많이 사는 동네와 거리가 있었던 터라 내용적으로는 오히려 뮌 섬 쪽이 더 따뜻한 분위기였을지도 모른다.

뮌 섬에 도착했을 때 무엇보다 신기했던 것은 많은 고양이들이 밭을 뛰어다니는 것이었다. 전세계 여러 곳에 갔지만, 밭 한가운데를 고양이가 누비는 광경은 별로 본 적이 없다. 마리안느 씨한테 "어째서?"라고 물어보니, 이 계절에는 고양이가 모두 밭에 나와 들쥐를 잡는다는 것이었다. 확실히 마리안느 씨네 검은 고양이 자매도 어두우면 나가 이른 아침에야 밤이슬에 촉촉하게 젖어 돌아왔다. "반은 야생이랍니다." 그녀는 말했다. 뮌 섬에서는 고양이도 당당히 제 몫을 했다.

보름달이 뜬 밤, 차를 타고 나가 식사를 하고 돌아오는 길에, 역시 밭 한가운데서 어린 여우를 발견했다. 여우는 마치 춤이라도 추듯 거기서 껑충껑충 뛰고 있었다. 내가 차를 세우고 구경하는 데도 도망칠 생각을 하지 않았다. 정말로 아름다운 광경이었다. 여우는 밝은 달빛 아래 우아하게 춤을 추고, 나는 매료당한 듯 그 광경을 바라보고 있었다. 여행이라는 것은 여러 가지로 귀찮고 피곤하기도 하지만, 그래도 힘내서 떠난 만큼의 가치가 있다.

매일 아침 조깅을 할 때면 언제나 같은 장소에서 언제나 같은 사슴을 발견했다. 내가 다가가면 날듯이 도망쳤다. 한 시간쯤 기분 좋게 달리는 동안 길거리에서 스쳐지나는 것은 폭스바겐 한 대와 자전거를 탄 아저씨 한 명뿐이었다. 이런 곳에 사는 것도 괜찮겠네 싶었다.

여행을 갈 때마다 여기저기에서 이런 생각을 하는 것 같지만.

 노르웨이에서는 하반신을 드러낸 마네킹을 쇼윈도에서 자주 봅니다. 어째서일까요?

다자이 오사무를 좋아합니까?

다자이 오사무, 읽으시는지?

솔직히 말해 나는 오랫동안 이 작가가 왠지 불편했다. 문체나 사물을 보는 견해가 별로 와닿지 않는다고 할까, 좀처럼 끝까지 다 읽지를 못했다. 작가로서의 가치를 부정하는 건 아니고 그저 취향이 맞지 않는다.

미시마 유키오도 나와 마찬가지로(마찬가지는 아닐 거라고 생각하지만 일단은) 다자이 작품이 불편했다. 전쟁이 끝나고 오래지 않아 청년들 사이에서 다자이가 압도적인 지지를 받았지만, 젊은 날의 미시마는 내키지 않았는지 걸핏하면 싫은 소리를 했다. 친구들은 재미있어하며 어느 날 미시마를 다자이에게 데려갔다. 미시마의 회상에 따르면 그는 한 시대를 풍미하는 인기 작가에게 "나는 다자이 씨의 문학이 싫습니다"라고 말했다. 그러자 다자이는 누구에게랄 것도 없이 "말은 그렇게 하지만 이렇게 찾아왔다는 건 역시 좋아하는 게 아닌가"라고 응수했다고 한다.

미시마는 '지금은 나도 같은 처지에 맞닥뜨리게 되었다'고 쓰고

있다. 젊은 사람들이 찾아와 미시마의 면전에다 대놓고 "나는 당신 작품을 좋아하지 않아"라고 선언하는 것이다. 세상은 돌고 도는 법이다. 그래서 그때 다자이의 기분도 이해는 가지만, 그렇다고 다자이처럼 대응하지는 않는다. 어른답게 웃어넘기거나 못 들은 척하거나 둘 중 하나다, 라고.

나도 누군가에게 대놓고 "당신 작품이 싫습니다"라는 말을 들은 적이 있는가 고심해보았지만 생각나지 않는다. 자주 들었던 것 같기도 하고, 한 번도 듣지 않은 것 같기도 하다. 사람들 앞에 나서질 않아서 그런 말을 정면에서 들을 기회 자체가 딱히 없었을 것이다.

그러나 만약 그런 입장에 처한다면 '그래도 어쩔 수 없지, 뭐'라고 생각할지도 모른다. 왜냐하면 지금까지 쓴 책에 내가 별로 만족하지 못하기 때문에. 물론 한 권 한 권에 애착도 있고, 전력을 다했다는 자부심도 있다. 그러나 시간이 흐르면 대체로 불만인 곳이나 미숙한 부분만 눈에 들어온다. 그래서 "그런 소설 싫어"라고 누군가가 말한다면 '음, 어떤 의미에서 그럴지도 모르겠군' 하고 납득하게 된다. 너무 순순히 납득해선 안 되겠지만.

*

어쨌든 나는 요즘 다자이의 오디오북을 iPod에 다운받아 여행하는 차 안에서 자주 듣는다. 나와 맞는다고는 역시 못하겠고 곳곳에서 '맙소사' 한숨을 쉬기도 하지만, 읽는 게 아니라 낭독하는 걸 듣고 있으면 왠지 이야기의 흐름을 있는 그대로 너그럽게 받아들일 수 있다. 아마 특유의 문체가 활자를 눈으로 좇을 때만큼 직접적인 힘을 발휘하지 않기 때문일 것이다. 아니면 나도 이제 젊지 않아서 자신과 다른 것도 평온하게 받아들이게 된 것이려나?

생각해보면 진짜로 상대를 싫어한다면 "네가 쓴 글이 싫다"라는 말을 하기 위해 일부러 찾아가진 않을 터다. 논리적으로 옳다. 다자이 오사무에게 한 표.

그런데 소설가란 하여간 귀찮은 인종이다. 정말로 절실하게 그렇게 생각한다.

 요전에 '가키노타네 감씨 모양의 쌀과자 크런치 초콜릿'을 먹었습니다.
나쁘진 않지만 딱히 필연성이 보이지도 않더군요.

타인의 섹스를 비웃을 수 없다

아이슬란드에 가본 적 있는지? 나는 있다. 아주 흥미로운 곳이어서 기회가 있으면 또 가고 싶다. 최근에는 통화 혼란이니 화산 폭발 때문에 별로 좋은 이미지가 아닌 것 같지만, 깨끗한 공기에 친절한 사람들, 가는 곳마다 온천이 끓는 곳이다. 이끼도 아주 깨끗하고 유령도 많다.

레이캬비크 호텔에서 잠을 이루지 못하고 텔레비전을 보다가 섹스 채널을 발견했다. 섹스 채널이 뭔가요, 당신은 물을지도 모른다. 남녀가 섹스하는 것을 쉼 없이 계속 보여주는 채널이다. 특별히 변태적인 취향이라기보다 여러 남녀가 번갈아 나와 아주 건전하게 다양한 체위로 성교한다. 물론 성기 같은 건 가리지 않고 전희부터 삽입, 사정까지 제대로 친절하게 보여준다.

나도 처음에는 깜짝 놀랐지만 보다보니 뭔가 기계체조를 보는 것 같았다. 거기에는 일종의 엄숙함조차 감돌았다. 의자에서 나도 모르게 자세를 바로하고 꽤 진지하게 보고 말았다. 이런 말을 하긴 뭣하지만, 세상에는 참으로 다양한 모양과 다양한 크기의 성기가 있

더군요. 무심결에 "오오" 하고 감탄해버렸다. 오래 살고 볼 일이다.

그런데 삼십 분 정도 보니 역시 질리기 시작했다. 대사도 줄거리도 없이 알몸의 남녀가 진지한 표정으로 섹스만 하는 것뿐이니까 (어째서인지 웃으면서 하는 사람은 없다) 결국은 같은 행위의 되풀이가 된다. 다소 각도는 바뀌지만 패턴은 한정되어 있다. 이상한 예지만 마치 환경비디오를 보는 느낌이었다. 〈바다의 생물들〉 같은.

일본에서도 이런 채널이 있으면 오히려 성범죄가 감소하지 않을까 생각했다. 타인의 섹스를 보는 동안 점점, '이런 일에 일일이 반응하는 인생이라니, 생각해보니 허무하네' 하는 기분이 들 것이다.

함부르크에 있는 큰 매춘가에 취재를 간 적이 있다(정말로 취재였다). 시간을 때우느라 근처 바에 들어갔더니 가게의 대형 텔레비전에서 축구중계가 한창이었다. 독일 대 터키전. 손님들 모두 맥주를 마시며 큰 소리로 독일팀을 응원하고 있었다. 대화를 못 할 정도로 시끄러웠다.

그런데 이윽고 하프타임이 되자, 화면이 갑자기 성인비디오로 바뀌었다. "아앙, 으으음, 하지 마요오, 흐으응" 같은. 손님들 사이에서는 급속히 정적이 감돌고, 다들 맥주를 마시는 것조차 잊은 채 침을 삼키며 끈적끈적한 화면을 주시했다.

그러나 십오 분이 경과하고 후반전이 시작되자, "아앙, 으으음"은 도중에 뚝 끊기고 가게 안은 다시 "독일 파이팅!" "그렇지, 슛!" 하는 소란 상태로 돌아왔다. 너무나 빠른 전환에 나는 기겁했다. 독일인은 대단하다.

그런데 섹스란 생각하면 할수록 뭔가 이상한 것이다. 되도록 생각하지 말아야지.

 간사이 지방 스포츠신문 헤드라인에 '브라 한 방'이라고 나와 있었는데, 한신 타이거스의 브라젤이 홈런을 쳤다는 말 같습니다.

책을 좋아했다

십대 시절에는 무엇보다 책을 좋아했다. 학교 도서관에 신간이 든 상자가 들어오면 사서에게 부탁해 책을 뺀 빈 상자를 얻어, 그 냄새를 킁킁거리며 맡았다. 그것만으로 행복했다. 그만큼 광적으로 책에 반해 있었다.

물론 냄새를 맡는 것뿐만 아니라 읽기도 많이 읽었다. 인쇄된 활자는 뭐든 닥치는 대로 읽었다. 각종 문학전집을 처음부터 끝까지 독파했다. 중고교 시절 동안 나보다 많은 책을 읽은 사람을 아직 만나지 못했다.

그러나 서른 살에 작가라고 불리게 된 뒤로는 뭔가에 홀린 듯 책을 읽지 않게 되었다. 마음에 든 책을 숙독하는 일은 있지만, 옛날처럼 '닥치는 대로 마구' 읽지는 않는다. 책을 소유하는 것도 특별히 관심 없다. 읽은 책은 나중에 도움될 것만 제외하고 적당히 처분해버린다.

그래도 가끔 책장에서 거듭되는 이사에도 살아남은 오래된 책의 책등을 바라보고 있으면, '그렇구나, 나라는 사람은 결국 책에 의해

만들어졌구나' 하고 새삼 느낀다. 어쨌든 다감한 청춘 시절, 책을 통해 받아들인 압도적인 정보로 여기 한 인간이 완성됐다. "여자들이 나라는 사람을 만들었다"라고 선뜻 말할 수 있다면 멋있겠지만 내 경우는 책이다. 물론 "여자들이 내게 약간의 수정을 더했다" 정도는 말할 수 있겠지만.

스페인의 갈리시아 지방에 산티아고 데 콤포스텔라라는 도시가 있는데, 이곳 고등학생들이 '올해 읽은 가장 재미있는 책'을 골라 그 작가를 학교에 초대한다. 몇 년 전 《해변의 카프카》가 뽑혀서 내가 바다를 건너 시상식에 가게 되었다. 물론 고등학생들이 그런 돈이 있는 건 아니고 스폰서가 붙어 있었다.

고등학교 강당에서 표창장을 수여하고 그다음 전원이 테이블에 둘러앉아 식사를 한다. 그래서 고등학생들과 이런저런 얘기를 나누었는데 소설 얘기만 나오면 다들 눈이 반짝였다. 그런데 남녀 구분 없이 대부분의 학생이 대학에 진학하면 문학이 아니라 의학이나 공학을 전공한다고 한다.

"갈리시아는 풍요로운 땅이 아니어서 주요 산업도 딱히 없답니다. 밖에 나가 일을 찾아야만 하기 때문에 그러기 위해 실제적이고 전문적인 기술을 익힐 필요가 있는 거죠"라고 한 사람이 내게 알려주었다. 아주 똑 부러졌다.

그런 젊은이들이 이렇게 멀리 떨어진 곳에서 열심히, 때로는 미친 듯이 내 소설을 읽는다고 생각하니 몹시 기뻤다. 그러고 보니 나도 고등학생 때는 눈을 반짝이며 시간 가는 것도 잊고 책을 읽었지 하고 기억을 더듬었다.

고교 시절에 나는 소설가가 될 거라고 생각도 못 했다. 내가 언젠가 제대로 된 글을 쓰게 되리라고도 생각하지 못했다. 그저 책을 읽고 있는 것만으로 행복했다. 아니, 책 상자의 냄새만으로도 행복했다. 지금은 당연한 얼굴로 뭔가 거들먹거리는 소리를 하고 있지만.

 야쿠르트의 다나카 히로야스가 방망이를 잡는 법은 고양이가 꼬리를 세우고 돌리는 것 같더군요.

휴대전화라든가 병따개라든가

1960년대에 클로드 를루슈가 감독한 〈남과 여〉라는 프랑스 영화가 있었다. 아시는지? 당시 소년소녀들은 이 영화에 푹 빠졌다. 이제는 물론 소년도 소녀도 아니겠지만.

요전에 어쩌다가 이 영화를 보게 되었는데 주인공 장 루이 트린티냥이 차 안에서 휴대전화를 꺼내 귀에 대는 장면이 있었다. 어, 잠깐만, 그 시대에 휴대전화가 있을 리 없잖아, 하며 자세히 보니 그냥 전기면도기였다. 차에서 밤을 새우고, 자란 수염을 깎는 참이었던 것이다. 어이, 어이. 헷갈리는 짓 좀 하지 마, 라고 생각했지만 당시 사람들은 물론 미래에 휴대전화가 등장할 거란 걸 상상도 못했겠지.

생각해보면 휴대전화가 없던 시절 우리는 휴대전화가 없는 것을 특별히 불편하게 생각하지 않았다. 없는 것이 일반적인 상태니까. 맥주를 딸 병따개가 없었더라면 그건 아주 불편했을 테지만.

그럼 휴대전화 같은 건 없어도 되는가? 라고 묻는다면, 나도 거기까지 단언할 자신은 없다. 물론 편리하지만, 없을 때는 없는 대로

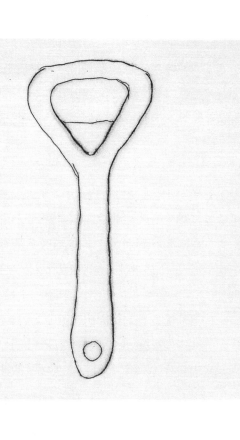

특별히 불편하지 않았는데, 라고밖에 할 말이 없다. 문명이라는 것은 뭔가 신기하다. 한 가지 편리함을 주면서 새로운 부자유도 한 가지 만들어준다. 나는 어쨌든 개인적으로는 휴대전화보다 병따개 쪽에 호감을 느끼지만, 그건 단순히 내가 맥주를 좋아하기 때문일지도 모른다.

그러나 생각해보니 병따개를 사용하는 일도 없어졌다. 옛날에는 근처 주류 소매점에서 병맥주를 상자째 배달해주었지만, 최근에는 주로 대형마트에 가 한꺼번에 싸게 캔맥주를 직접 구입한다. 캔 쪽이 가벼워 운반이 편리하고 일일이 빈병을 처분하는 수고도 덜어준다.

그래도 세상의 모든 신 앞에 정정당당하게 맹세하는데, 맥주는 캔으로 마시는 것보다 병으로 마시는 편이 훨씬 맛있다. 그 증거로 만약 초밥집에서 캔맥주가 나온다면 대부분의 손님은 "장난해?" 하고 투덜거릴 것이다. 하지만 집에 돌아가면 다들 (아마도) 불평

하나 없이 캔맥주를 마신다. 이건 아무리 생각해도 기만적인 삶의 방식 아닌가…… 하고 잘난 척 말하는 나도 집에서는 톡 하는 한심한 소리를 내며 꼭지를 따 캔맥주를 마신다. 현실적 간편함에 그만 무릎을 꿇고 만다. 미안합니다.

그러나 납작하게 짜부라진 맥주 캔은 뭔가 안쓰럽다. 그렇게 생각하지 않는지? 어젯밤 비운 알루미늄캔을 아침에 볼 때면 까닭 없이 허무해진다. '아아, 또 이렇게 마셔버렸네' 하고. 반면 빈병은 언제나 꼿꼿하고 단정하게 바로 서 있다.

이따금 휴대전화 같은 건 없고 예전처럼 병따개를 써서 병맥주를 따던 시절을 떠올린다. 그건 그것대로 아주 좋은 시절이었다. 지금보다 즐거웠냐고 묻는다면, 으음, 대답이 궁하긴 하지만.

 '우리 동네에 수상한 사람은 필요없음'이라는 게시물이 우리 집 근처에 붙어 있었다. 뜬금없이 그런 말을 해도 말이죠.

캐러멜마키아토   톨

신혼여행 온 부부로 보이는 젊은 일본인 커플을 외국에서 흔히 발견한다. 무척 즐거워 보인다. '잘됐네, 결혼해서' 하고 남 일이지만 흐뭇해한다. 모두가 독신만 주장하면 일본의 노동인구가 점점 줄 테니까.

다만 그런 사람들을 보고 종종 고개를 갸웃거릴 때가 있는데, 항상 여성이 앞에 나서서 영어로 대화를 하고 남성은 등뒤에서 머뭇거리며 볼일이 끝나기를 기다린다. 왜일까. 여성이 어학이 더 뛰어나기 때문일까? 아니면 사회 전반적으로 여성의 박력이 향상되고 반대로 남성은 그것이 감퇴한 것일까?

학교 성적을 보면 남자보다 여자 쪽이 우수한 경우가 많다. 신혼여행도 그 연장선상에 있는 건지도 모른다. 남의 일이긴 하지만 "어이, 제대로 좀 해" 하고 남자에게 한마디하고 싶어진다. 물론 안 하지만.

*

몇 년 전, 호놀룰루의 스타벅스에서 순서를 기다리는데 내 앞이

일본인 여성이었다. 신혼여행 중인 듯, 예의 그녀가 줄을 서서 주문을 하고 젊은 남편은 의자에 앉아 무료하게 기다리고 있었다. 카운터에서 주문을 받는 사람은 말총머리를 한 금발의 미국인 아가씨였다.

여성이 "아이스 캐러멜마키아토 톨 한 개 하고……"라고 더듬더듬 영어로 말하자, 카운터의 미국 아가씨는 "예, 아이스 캐러멜마키아토 톨 한 개 하고요" 하고 유창한 일본어로 반복했다. 마침 일본어를 할 줄 아는 미국인이었다. 하지만 내 앞의 여성은 상대가 일본어 한다는 걸 전혀 의식하지 못했는지 계속해서 영어로 "그리고 아이스 카페라테 톨 하나 주세요"라고 했다.

미국 아가씨는 개의치 않고 시종 상냥하게 일본어로 대하고(가게에서 드십니까, 테이크아웃이십니까? 성함은?) 내 앞 여성은 마지막까지 영어로 했다. 분명 미리 '영어로 이렇게 말해야지' 하고 준비했기 때문에, 그래서 머릿속에 그 생각이 가득하여 상대가 어느 나라 말을 하는지까지 인지하지 못했을 것이다. 금발 아가씨에게 일본어가 통한다는 건 그녀의 계산에 없었던 것이다.

"저기요, 저쪽에서 일본어를 하는데요" 가르쳐주고 싶었지만, 괜한 참견은 하지 않는 편이 좋다고 판단해서 그 기묘하게 엇갈리는 대화를 그저 듣고만 있었다. 뭐, 얘기가 통하면 그걸로 됐다. 이 광경을 떠올리면 무심결에 미소를 짓게 되는데, 결코 웃기다거나 그런 게 아니다. 오히려 나는 그때 그녀에게 자연스런 호감을 가졌고 지금도 갖고 있다. 당연하지만 뒤쪽 의자에 앉아 멍하니 기다리는 남자보다 훨씬 훌륭하다. 외국에서 익숙하지 않은 언어로 상대에게 의사를 전한다는 것은 정말로 힘든 일이다. 그녀가 어딘가에서 행복한 결혼생활을 하고 있길 바란다. 쓸데없는 참견일지도 모르지만.

그런데 캐러멜마키아토는 아직 마셔본 적이 없는데 어떤 맛이 나는 걸까?

그러고 보니 나는 스타벅스에서 그냥 커피 말고는 마신 적이 없다.
인생에서 손해를 보고 있는 걸까?

맛있는 칵테일을 만드는 법

그 옛날 소설가가 되기 전의 일인데, 바 같은 것을 칠 년 정도 경영했다. 당연히 칵테일도 잘 만들었다. 셰이커를 샤각샤각 흔들어서.

아무튼 그때 절실히 느꼈는데 칵테일 하나를 만드는 데도 잘하는 사람과 못하는 사람이 있다. 잘하는 사람이 만들면 비교적 적당히 만들어도 맛있고(본인은 술을 못 마시는 사람일 때도 있다), 그렇지 않은 사람이 만들면 정성껏 진지하게 만들어도 별로 맛이 없다. 나는 '그럭저럭'하는 부류였다고 생각한다.

오손 웰스가 만든 〈시민 케인〉이라는 영화가 있다. 미국의 대부호가 젊은 애인을 큰 가수로 키우려고 이탈리아에서 일류 선생을 모셔와 훈련을 시킨다. 그런데 이 여성에게는 그다지 재능이 없다. 마지막에 그 선생은 하늘을 올려다보며 말한다. "세상에는 노래를 부를 줄 아는 사람과 노래를 부를 줄 모르는 사람이 있다." 그 말만 남기고 제 나라로 돌아가버린다.

이상한 말일 수도 있지만 섹스도 그렇다. 잘하는 사람은 선천적

으로 잘하고, 못하는 사람은 선천적으로 못한다. 공부해서 어떻게 되는 일이 아니다. 음…… 뭐 이 얘기는 그만두자.

무슨 얘길 했더라? 아, 칵테일 얘기였지.

가게를 할 때, 종업원이 새로 올 때마다 칵테일 만드는 법을 가르쳤는데, 아무리 연습해도 안 되는 사람이 있고 처음부터 척척 맛있는 칵테일을 만드는 사람이 있었다. 이건 선천적인 것이라고밖에 할 수 없다.

그 얘기를 《국경의 남쪽, 태양의 서쪽》이라는 소설에 썼다. 맛있는 칵테일을 만들려면 만드는 사람에게 타고난 뭔가가 필요하다고. 그러자 어떤 비평가가 '실제로 그런 일이 있을 리 없다'고 비판했다. 나는 소설에 실제로 있었던 일을 잘 쓰진 않지만, 가끔 실제 일을 쓰면 곧잘 '그건 거짓말이다'라고 비난받는다. 어째서일까? 나한테 무슨 인격적인 문제가 있을지도 모른다.

그런데 내 미미한 인생경험으로 말하자면 그런 일이 진짜 있다. 논리적으로 설명할 수 없지만 진짜로 있다. 적어도 사람을 감탄시키는 칵테일을 만들려면 타고난 그 나름의 자질이 필요하다. 그것이 사실이다. 그리고 그런 유의 사소하지만 부정할 수 없는 사실은 자신이 직접 겪어봐야 비로소 가슴속 깊이까지 확실하게 와닿을 것이다.

나는 개인적으로는 칵테일을 그리 좋아하지 않는다. 평소에는 맥주나 와인이나 위스키 온더록스를 간단히 마신다. 그러나 본격적인 바에 가면 기왕 한 걸음이니 칵테일을 주문한다.

내가 비교적 좋아하는 것은 보드카 베이스의 칵테일이다. 보드카 자체는 거의 맛이 없으니, 칵테일 솜씨가 좋은지 아닌지를 알기 쉽다. 발랄라이카, 블러디 메리, 보드카 마티니……. 예를 들어 스크루드라이버 같은 단순한 롱드링크도 미묘한 센스의 있고 없음에 따라 맛이 신기하게 달라진다. 그런 점은 글과 비슷하다.

가게 홍보는 아니지만, 아오야마 '바 라디오'의 블러디 메리는 역시 마셔볼 가치가 있다고 생각한다.

 수영하면서 노래하는 사람들이 의외로 많더군요. 나의 애창곡은 '옐로 서브마린'입니다, 꼬르륵.

바다표범의   키스

　바다표범 오일이란 거 아십니까? 문자 그대로 바다표범의 지방으로 만든 서플먼트. 북극권의 에스키모들은 채소를 먹지 않고 동물성 식품만 먹는 데도 동맥경화가 거의 나타나지 않는다. 조사해보니 그 이유가 그들이 날마다 먹는 바다표범 고기에 있다는 것을 알았다. 거기에 포함된 오메가3 지방산이 혈액을 맑게 해서 심장을 튼튼하게 하고 관절을 유연하게 지키는 효과를 낳았던 것이다.

　바다표범 오일은 일본에서도 손에 넣을 수 있지만, 비교적 고가여서 오슬로에 갔을 때 현지에서 구입했다. 서플먼트 가게에서 캡슐에 든 것을 사려 하니, 계산대 아주머니가 "캡슐보다 생기름으로 먹는 편이 훨씬 효과 있어요. 그런데 냄새가 좀 나서……"라고 했다. '외국인에게는 무리일지도' 같은 뉘앙스를 읽고 '좋아 한번 사보자' 이렇게 돼서 생기름을 사왔다. 기름이 캡슐보다 훨씬 쌌던 것도 이유의 하나였지만.

　그런데 실제로는 냄새가 '좀' 나는 정도가 아니었다. 농담이 아니고 엄청나게 비렸다. '아침에 눈을 뜨면 내 위로 커다란 바다표범

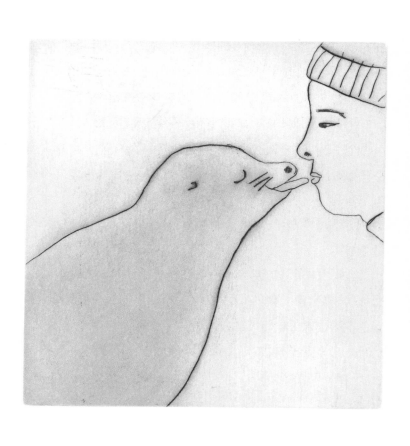

한 마리가 올라와서 어떻게 해서든지 밀어제쳐 억지로 입을 벌리고 뜨뜻미지근한 입김과 함께 축축한 혀를 입안으로 쑥 밀어넣은' 것처럼 비렸다. 결코 그런 일은 당하고 싶지 않겠지만.

그런데 나는 별나게 지기 싫어하는 구석이 있다. '빌어먹을' 하면서 매일 아침 큰 숟가락으로 한 숟갈씩 그 오일을 마셨다. 숨을 멈추고 삼키지만 그래도 속이 한참 울렁거린다. 그래서 바로 쿠키 같이 단것을 우걱우걱 먹는다. 그렇게 하지 않으면 도저히 견뎌낼 수 없다. 숟가락과 잔에도 독한 냄새가 묻어 바로 세제로 씻지 않으면 안 된다.

그래서 효과는 있었냐고 물어보신다면, 있었다고 단언할 수는 없다. 이러한 점이 각종 서플먼트의 문제점이다. 먹은 결과와 먹지 않은 결과를 공정하게 비교 대조할 수가 없다. 게다가 원래 건강에 문제가 없으니 뭐가 어떻게 좋아졌는지 수치로 나타내기도 어렵다. 그러나 한 달 반 동안 외국을 여행하며 외식이 많았지만, 몸이 안 좋다고는 전혀 느끼지 못했으니 아마 나름대로 효용이 있었을 것이다.

어쩌면 이렇게 냄새나는 것을 매일 아침 참고 먹었는데 효과가 없으면 그냥 두지 않을 테다, 하는 결의가 내 속에 단단히 자리하고 있어 그것이 내 건강을 보통 이상으로 증진시켰을지도 모른다. 캡슐로 편하게 먹었더라면 바다표범 오일에 대한 이만큼의 강력한 커미트먼트는 아마 생기지 않았을 게 분명하다.

노르웨이 사람에게 이 얘기를 하니 모두 얼굴을 찡그렸다. 어릴 때 억지로 먹은 기억 때문인지, "그렇게 냄새나는 걸 잘도 먹네" 하고 감탄했다. 참고로 요즘은 바다표범 오일을 통신판매로 구하지 못하는 것 같다. 굳이 고난의 길을 걸어보고 싶은 분은, 혹은 바다표범의 딥키스를 한번 체험해보고 싶은 분은 오슬로까지 가서 살 수밖에 없다. 그러나 비리다, 정말로. 절대 농담 아니고.

 개미핥기에게 딥키스를 받는 것도 고역이겠죠? 그런 상상은 굳이 하지 않아도 되겠지만.

장어집　고양이

　그 옛날, 오모테산도 파출소 옆에 조그마한 장어집이 있었다. 이름은 기억나지 않는다. 예전 여염집 구조로, 언제나 손님자리의 방석 위에서 고양이가 볕을 쬐고 있었다. 나는 한낮이 조금 지난 시간에 그 집에 가 고양이 옆에서 장어 먹는 걸 좋아했다. 지금은 장어집이 없어지고 '서브웨이'라는 패스트푸드점이 생겼다.

　옛날에는 그 일대가 꽤 한적하여 사람들도 많이 다니지 않고, 고양이가 기분 좋게 낮잠을 잘 수 있는 환경이었다. 내가 옆에서 장어를 먹고 있어도 고양이는 전혀 개의치 않고 쿨쿨 낮잠을 잤다. 분명 장어 냄새 따위 질리도록 맡았을 것이다.

　아오야마 일대에 꽤 오래 살면서 몇몇 단골집이 생겼지만, 대부분은 이제 모습을 감춰버렸다. 슈퍼마켓 '유어스'는 없어졌고, '기노쿠니야' 슈퍼는 모습이 완전히 달라졌다. 이십대 시절, 기노쿠니야에서 고민하며 채소를 사고 있는데, 나이 지긋한 점원이 다가와 신선한 양상추 고르는 법을 열정을 담아 길게 설명해주었다. 이 사

람 어지간히 한가하구나 싶었는데, 나중에 누군가에게 "그 사람이 기노쿠니야 사장님이야"라고 들었다. 진위는 알 수 없지만(만약 정말이라면 정말 멋진 얘기다) 어쨌든 그곳에서 양상추 고르는 법을 배웠다.

아오야마 다리 근처에 레스토랑 '키하치KIHACHI'가 있던 시절, 폭우나 대설이 내리거나 태풍이 오면 언제나 그곳에 식사를 하러 갔다. 평소에는 좀처럼 테이블을 차지하지 못하지만, 날씨가 안 좋으면 예약이 잇따라 취소되어, 텅 빈 가게에서 편안하게 식사를 즐길 수 있었다. 그때 나는 바로 근처 맨션에 살았기 때문에(그곳도 최근 헐렸지만) 큰비나 강풍쯤은 아무것도 아니었다. 곧잘 '슬슬 태풍이 안 오나' 기다리기도 했다. '키하치'도 어딘가로 이사를 갔다.

네즈 미술관 근처에 '애프터눈티'가 있던 시절, 그리로 곧잘 책을 읽으러 갔다. 좀처럼 차분하게 책을 읽을 수 있는 환한 찻집이 없던 터라 애정이 가는 곳이었다. 그러나 내가 좋아하는 가게는 대체로 머잖아 모습을 감춰버린다. 그리고 지금은 죄다 '스타벅스' 천지다.

진구 구장에서 돌아오는 길에는 곧잘 가이엔니시도리에 있는 바 '아루쿠루Harcourt'에 들러 술을 마셨다. 내가 적당한 이름을 지어 칵테일을 주문하면(예를 들어 '시베리아 브리즈'라든가) 야쿠자 같은 바텐더는 태연한 얼굴로 적당히 만들어서 칵테일을 내주었다. 특이한 가게였다. 그 바로 근처에 있는 '로이스Roy's' 카운터 자리에서 생맥주와 함께 송아지 커틀릿을 먹는 것도 나의 은근한 즐거움 중 하나였다. 유감스럽게도 모두 다른 데로 이사가버렸다.

하지만 그중에서도 가장 그리운 곳은 오모테산도의 장어집일지 모른다. 오모테산도힐스도 없고 루이비통도 베네통도 없고, 지하철 한조몬 선도 없고, 파출소 순경은 언제 봐도 한가해 보이고, 고양이는 햇살이 쏟아지는 방석 위에 곤히 잠들어 있었다. 그런데 고양이란 원래 장어에는 전혀 관심이 없나?

 옛날에 길렀던 고양이는 시나가와마키손가락처럼 생기고 김을 말아놓은 간장맛 센베이의 김을 좋아했다. 덕분에 나는 김 없이 알맹이만 먹어야 했다.

유리집에   사는   사람은

번역을 하다보면 일 년 내내 사전을 찾게 된다. 어쨌든 사전을 평생의 친구로 삼을 정도가 아니면 이 일은 못해먹는다. 아는 단어도 혹시나 하고 사전을 뒤적인다. 그러면 거기에서 뭔가 또 새로운 발견이……

번역 같은 것 할 생각 없으니 그런 건 아무래도 상관없다? 당연하다, 보통은. 뭐 그냥 이야기로 들어주시길.

나는 옛날부터 사전에 실려 있는 예문이나 속담 외우는 걸 좋아해서 그런 게 있으면 옆에 있는 종이에 재깍재깍 메모를 해둔다.

예를 들어,

Those who live in glass houses shouldn't throw stones.

유리집에 사는 사람은 함부로 돌을 던져서는 안 된다. 남을 나무라거나 비난하기 전에 자신에게 약점이 있는지 없는지, 일단 체크해보라는 말이다. 타인의 실수에 대해 잘난 척 잔소리했다가, 과거에 자신도 같은 잘못을 저지른 것이 들통나면 망신일 테니까. "흥, 당신한테 그런 소릴 듣고 싶진 않아" 이렇게 되고 만다.

야당 시절에 실컷 큰소리치던 사람이 선거에서 이겨 총리가 돼 뚜껑을 열어보니…… 하는 일도 있었다. 정치가는 그게 직업이니 어쩔 수 없지만, 보통 신경의 사람이라면 재기하지 못할 수도 있으니 되도록 조심하는 편이 좋다.

그래서 다시 번역 얘기로 돌아오자면, 남의 번역을 읽다보면 직업병인지 오역이 신경쓰인다. 대체로 남의 결점은 자신의 그것보다 눈에 잘 띄는 법이다. 대부분 큰 줄거리에 관계없는 사소한 실수지만, '이건 좀 곤란하잖아?' 싶은 것도 종종 있다.

스테디셀러인 미국 소설 중에 알약으로 된 위장약을 언제나 빠직빠직 씹어먹는 바텐더가 제법 비중 있는 역할로 나오는 책이 있다. 위가 약해서 고민하는, 비교적 신경질적인 인물이다. 그런데 번역판에서는 그가 늘 궐련을 씹고 있는 걸로 되어 있다. 궐련과 위장약은 얘기가 다르다. 궐련을 물고 일하는 바텐더라니, 비현실적이고. 그러나 지금까지 이 소설을 읽어온 일본 독자의 뇌리에는 그 바텐더가 마초처럼 궐련을 씹고 있는 광경이 새겨져 있(을 것이)다.

만약 줄거리에 영향을 미칠 정도의 오역 같으면 편집자에게 살짝 귀띔할 때도 있다. 그러나 큰소리는 내지 않는다. 왜냐하면 실수를 하지 않는 번역가란 없고(미스터치를 하지 않는 피아니스트가 없듯), 나 역시 오역과 무관할 수는 없으니. 즉 유리집에 사는 사람으로서 무턱대고 돌을 던지지 않도록 조심하는 것이다. 타인의 실수를 발견하면 '나도 정신 바짝 차려야지' 하고 마음속으로 다짐할 따름이다. 다짐해도, 그래도 역시 실수하지만.

다만 변명이 아니라, 세상에는 오역보다 훨씬 나쁜 것이 있다. 그것은 읽기 힘든 나쁜 문장으로 나열된 번역과 맛이 결여된 지루한 번역이다. 거기에 비하면 위장약과 궐련의 차이쯤이야…… 아닌가? 난감하군.

12월이군요.
계절이 끝나기 전에 크리스마스 음반을 다 들으려면 꽤 바쁘겠습니다.

그리스의 유령

　나는 미신을 믿거나 영감靈感을 믿는 타입이 전혀 아니지만(어느 쪽인가 하면 산문적인 사람이다) 그래도 가끔 '여긴 안 좋은걸' 하고 느끼는 장소가 있다. 여기는 오래 있지 않는 편이 좋겠어, 하고.

　그리스 어느 항구마을의 호텔이 그랬다. 잡지 취재 건으로 그리스의 섬을 방문했는데, 나와 편집자, 사진 담당인 미우라 씨와 그의 어시스턴트까지 모두 네 명이 동행한 참이었다. 해가 지고 우리는 녹초가 되어 그 쓸쓸한 항구마을에 도착했다. 허름한 호텔 한 곳을 겨우 찾아서 내가 주인과 협상을 했다. 그리스어를 약간 할 수 있는 내가 그런 역할을 맡았다.

　그러나 발을 들이미는 순간 '이 호텔은 위험한데'라는 생각이 들었다. 습한 기운과 몸에 달라붙는 불쾌한 감촉이 있었다. 벽도 천장도 묘하게 희부옇고. 이런 곳에는 묵지 않는 편이 좋겠어, 직감적으로 그렇게 생각했다.

　빈방은 세 개가 있고 요금은 한 방에 1,000엔(정도). 물론 아주 싼값이었지만 묵고 싶지 않아서, "미안하지만 더 싼 데를 찾아보겠

습니다" 하고 그곳을 나오려 했다. 그랬더니 주인은 "700엔에 오케이"라고 했다. 내가 "그래도 좀"이라고 하니, "그럼 500엔에 하슈"라며 붙들었다. 그렇게까지 깎아주는데 나로서도 거절할 이유가 없었다. 아무리 비수기의 그리스여도 일박에 500엔이라는데 비싸다고 할 수는 없었다.

편집자에게 "어떻게 하지?" 의논하니 "분위기는 좀 음산하지만, 다들 피곤하니 그냥 여기서 자죠?"라는 반응이었다. 그래서 방을 세 개 잡았다. 나와 편집자가 각각 방 하나씩, 그리고 미우라 씨와 어시스턴트가 방 하나를 같이.

방도 기묘했다. 호텔방이라기보다는 병실처럼 보였다. 어쩌면 그곳은 예전에 병원이었을지도 모른다. 하얗게 칠한 단순한 철제 침대가 방 한가운데 놓여 있었다. '느낌이 안 좋은걸' 싶었지만, 나도 피곤한 터라 갖고 온 위스키를 마시고 그대로 잠들어버렸다.

아침이 되어 식사 자리에서 어시스턴트 청년을 만났더니, 얼굴이 파랗게 질려 "실은 밤새 너무 무서운 일이 있어서 한숨도 못 잤어요" 라고 말했다. 생각만 해도 아찔한지 몸까지 떨고 있었다.

그가 한밤중에 문득 눈을 뜨니 검은 그림자가 잠든 미우라 씨의 침대 주위를 엄청난 속도로 돌고 있었다. 불빛이라고는 창으로 들어오는 희미한 가로등이 전부인 탓에 정체를 알아볼 수 없었지만, 그 뭔가는 속도를 늦추는 법 없이 언제까지고 계속 돌았다. 청년은 그대로 한숨도 못 자고(뭐, 당연하다) 달달 떨면서 그 으스스한 움직임을 보고 있을 수밖에 없었다.

나중에 나타난 미우라 씨한테 "미우라 씨는 아무것도 못 느꼈어요?" 물었더니, "전혀 몰랐는데요? 아아, 잘 잤다. 배고프네" 하는 것이었다. 그는 그런 사람이다.

그것이 어떤 종류의 유령이고 어떤 목적으로 밤중에 출몰하는지 물론 나는 모르지만, 미우라 씨 몰래 미우라 씨 주위를 밤새 빙글빙글 돌아서 뭔가 얻는 게 있었을까? 하여간 유령은 이해하기 힘들다.

 학생 때 호쿠리쿠를 여행하다 공원에서 노숙하고 일어나보니 묘지였던 적이 있었습니다.

일 인분의 굴튀김

결혼한 분들은 아마 이해할 거라 생각하지만, 부부끼리 음식 취향이 다른 것은 아주 귀찮은 일이다. 우리 집의 경우는 보통 생선과 채소 중심으로 싱겁게 먹는 정도가 비슷하니 그나마 다행이지만, 그래도 조리법이나 식재료 취향은 이것저것이 다르다.

예를 들어 아내는 튀김이나 냄비요리를 전반적으로 좋아하지 않아서, 결혼하고 지금까지 그런 건 일절 만들어주지 않는다. '삶의 방식을 거스른다'는 것이다. 그렇게 말하니 반론할 여지가 없다. 부부라고는 하지만 "삶의 방식을 거슬러줘"라고는 차마 못 한다. "그럼 당신도 한 가지 삶의 방식을 거슬러줘"라고 하면 상당히 곤란하니까.

그래서 예를 들어 굴튀김이나 스키야키가 먹고 싶으면 직접 만들어서 혼자 먹을 수밖에 없다. 아내가 친구들과 중화요리를 먹으러 간다거나 할 때, 그런 계획을 과감히 단행한다. 낮 동안에 재료를 착착 준비해두었다가.

나는 요리하는 걸 싫어하지 않아서 만드는 것 자체는 별로 불만

이 없지만, 굴튀김도 그렇고 스키야키도 그렇고—아마 동의하실 테지만—혼자 묵묵히 먹으면 별로 맛이 없다. 스키야키가 특히 더 해서 냄비 앞에서 "저쪽 고기, 이제 먹어도 되겠어"라든가 "구운 두부를 더 넣어야겠네"라는 식으로 쓸쓸하게 중얼거리며 먹는다.

햄버그스테이크나 크로켓도 먹고 싶으면 직접 만들어야 한다. 그래서 항상 많이 만들어서 냉동실에 넣어둔다. 먹고 싶으면 해동한 뒤에 굽거나 튀겨서 혼자 먹는다. 중간쯤 가는 가격의 와인을 따서, 텔레비전 야구중계를 보거나 스탄 게츠의 오래된 음반을 들으며 묵묵히, 특별한 세팅 없이(말할 것도 없지만 촛불을 켜거나 하지 않는다) 그러나 나름대로 행복하게 싱글거리며 먹는다.

한번은 냉장고가 고장난 적이 있다. 냉장고의 문제점은 언제나 느닷없이 고장난다는 점이다. 어느 날 갑자기 예고도 없이 작동이 되지 않는 것이다. 하필이면 크로켓을 왕창 만들어서 얼려둔 참이었다. 눈앞에서 그것이 점차 자연해동되는 장면을 지켜보는 것은 몹시 안타깝다. 창자꼬임증으로 괴로워하는 무구한 새끼고양이를 지켜보는 것 같은 심경이다. 자포자기하고 해동된 것을 차례차례 튀겨서 먹어치웠지만, 위의 용량에도 한계가 있다보니……

　굴튀김이라고 하면 뭐니뭐니해도 채썬 양배추다. 사실 나는 양배추 채를 비교적 잘 썬다. 사박사박 실처럼 가늘게 썰어서 사발에 수북하게 담아놓고 혼자서 그걸 다 먹어버린다. 기본적으로 사이드는 그것만 있으면 된다. 수북하게 담은 채썬 양배추와 갓 튀긴 따끈따끈한 굴튀김. 아직도 쉬익쉬익 소리가 난다. 그리고 두부와 쪽파를 넣은 된장국에 따뜻한 흰밥, 가지절임. 아참, 그렇지. 그전에 타르타르소스를 준비해둬야지…… 아아, 큰일났다. 이렇게 쓰고 있으니 갑자기 굴튀김이 무진장 먹고 싶어졌다. 큰일났네.

 야마노테 선에서 아직 내린 적 없는 역이 세 곳 있더군요. 다음에 내려봐야지.

자유롭고　　고독하고,　　실용적이지　　않다

십오 년째 오픈카를 타고 있다. 2인승의 수동기어 차량이다. 그리 실용적이라 하기는 힘든 물건이지만, 아내를 잘 구슬려서 이래 저래 세 대쯤 갈아탔다. 이런 유의 차가 있는 생활에 한번 익숙해지면 좀처럼 원래로 돌아가지 못한다.

오픈카의 어떤 점이 좋으냐고? 당연한 얘기지만 지붕이 없는 것이다. 지붕이 없으니 올려다보면 거기에 바로 하늘이 있다. 신호를 기다릴 때, 보통 나는 기어를 중립에 놓고 멍하니 하늘을 바라본다.

맑은 날에는 파란 하늘과 그 하늘을 가로지르는 새들이 보인다. 다양한 수목이 있다. 많은 건물이 있고, 창이 있다. 계절과 함께 풍경은 조금씩 변해간다. 그래, 우리는 평소 거의 하늘을 올려다보지 않고 생활하는구나, 하는 사실을 새삼 실감한다. 발밑의 일은 꽤 알고 있어도 머리 위의 풍경에 관해서는 의외로 무지하다.

그런데 가장 멋진 것은 흘러가는 구름을 바라보는 일이다. 구름은 대체 어디서 와서 어디로 가는 것일까? 그런 얼토당토않은 생각을 하고 있다보면 신호를 기다리는 것도 차가 막히는 것도 그리 고

통스럽지 않다. 신호가 바뀐 것도 모르고 멍하게 있다가 뒤차에서 클랙슨을 빵빵 울릴 때도 있지만.

다만 여성에게는 오픈카가 별로 반응이 좋지 않다. 바람에 머리칼이 흐트러지고, 볕에 타고, 주위에서 주목받기 쉽고, 겨울에는 춥고 여름에는 덥고, 터널에 들어가면 대화하는 것도 곤란해지고. 그런 이유로 내 차 조수석에는 별로 누가 앉은 적이 없다. 대개는 혼자서 멍하니 하늘을 올려다보고 있다. 보기에는 화려할지도 모르지만, 오픈카는 의외로 고독한 탈것이기도 하다. 뭐, 별로 상관없지만.

고교 시절에 폴 뉴먼 주연의 〈명탐정 하퍼〉라는 영화를 보았다. 뉴먼이 연기하는 로스앤젤레스에 사는 사립탐정 루 하퍼는 고물 포르쉐 오픈카를 타고 다닌다. 부인은 도망가고, 일도 변변찮고, 나이는 슬슬 중년으로 접어들고, 모닝커피로 마실 커피도 떨어졌다. 언제나처럼 숙취에 젖어 눈을 뜬 아침, 마주하는 것은 어젯밤부터 켜 있던 텔레비전뿐이다.

그러나 칠이 벗겨진 오픈카를 타고 캘리포니아의 햇살을 받으며 바닷바람에 머리칼이 날릴 때면, 그는 다시 태어난 것 같은 기분이 된다. 선글라스를 내리고 쿨한 미소를 짓는다. 적어도 나는 자유다, 라고 그는 생각한다. 이런 시작 부분의 장면이 인상적이었다. 이 영화를 몇 번이나 보았다.

말할 것도 없이 옛날이나 지금이나 폴 뉴먼과는 거리가 멀지만, 나도 그가 느끼는 바를 안다. '자유로워지다'라는 것은 설령 그것이 잠깐 동안의 환상에 지나지 않는다 하더라도 역시 무엇과도 바꿀 수 없는 멋진 것이다.

내가 오픈카를 운전하면서 자주 듣는 것은—종종 소리내어 따라 부르는 것은—에릭 버든과 애니멀스의 '스카이 파일럿'. 정말 좋다, 이거.

 조에쓰 길을 달리다가 '마음에는 브레이크를, 건강에는 잎사귀버섯을'이라는 광고판을 발견했습니다. 꽤 난해했습니다.

커다란   순무

'커다란 순무'라는 러시아 민담이 있다. 유치원 유희의 단골 프로그램인 덕에 유튜브를 뒤져보니, 전국에 온갖 유치원의 '커다란 순무' 공연(이랄까)을 실컷 감상할 수 있었다. 아주 단순한 얘기지만, 거기에는 어딘지 모르게 아이들의 마음을 끄는 게 있는 모양이다. 다만 전부터 궁금했는데, 이 얘기는 순무를 간신히 뽑았습니다, 하는 데에서 끝나는데 그러면 뽑은 뒤의 순무는 어떤 식으로 처리됐을까? 순무 할머니가 그걸 요리해서 도와준 모두에게 대접하지 않았을까 상상해보지만, 맛있었을까? 내 경험상 너무 크게 자란 채소는 대부분 맛이 없는데.

다 함께 땀 흘린 뒤 식탁에 둘러앉아 그 순무를 먹는데 "아악, 맛없어" 이렇게 되어, 일부러 불러낸 쥐까지도 "뭐야" 하고 불평을 하고, 그런 불만이 여기저기에서 모여 그 몇 년 뒤에는 러시아혁명이 일어났습니다…… 이런 얘기는 되지 않겠죠, 설마.

일본의 《곤샤쿠모노가타리今昔物語》에도 커다란 순무 얘기가 있

다. 옛날에 교토에서 도쿄로 향하는 남자가 있었다. 밤중에 모처를 지나는데 느닷없이 격렬한 성욕이 밀려와 '안 되겠다, 더는 참을 수 없어' 하는 난감한 지경에 이르렀다. 그런데 때마침 그 옆에 순무밭이 있어서 그리로 들어가 커다란 순무를 쑥 뽑아서 구멍을 만들어 그 순무와 유희를 즐겼다(유치원 놀이극에는 맞지 않는다). 몇 분 뒤 "아, 좋다" 하고 남자는 그 순무를 밭에 던지고는 여행을 계속했다. 순무는 가엾지만, 뭐 소녀를 강간하는 데 비하면 훨씬 죄가 가볍다.

다음 날 아침, 밭주인의 딸(열다섯 살)이 그곳에 왔다가 그 구멍 뚫린 커다란 순무를 발견했다. 그리고 "어, 뭐지? 구멍이 뚫려 있네" 하면서 그걸 먹어버렸다. 그랬더니 몇 개월 지나 배가 볼록하게 불러왔다. 명백한 임신이었다. 부모는 "너 대체 무슨 망측한 짓을 저지른 거냐" 하고 다그쳤지만, 딸은 어떠한 기억도 없었다.

"그러고 보니 밭에 떨어져 있던 구멍 뚫린 순무를 먹었는데, 그뒤로 속이 울렁거리더니 이렇게 됐어요" 딸은 울면서 말했다. 부모는 그런 설명으로 도저히 납득할 수 없었지만(못하는 게 당연하다) 예쁜 아기가 태어나자 '뭐, 할 수 없지' 하고 귀여워하며 키웠다.

이윽고 남자가 출세를 하고 도쿄에서 교토로 돌아오는 길에, 그 밭 앞을 다시 지났다. 그리고 이런저런 연유로 자신이 오 년 전에 범한 순무가 신기한 경위를 거쳐 아가씨를 임신시켰고, 아이가 태어났다는 사실을 알게 되었다. "오오, 이것도 인연이구나" 하는 식이 되어 두 사람은 결혼하여 오래오래 행복하게 잘 살았다.

희한한 얘기다. 몇 번을 읽어도 굉장히 초현실적이다. 교훈도 뭣도 없다. 아무리 성욕이 차올라도 채소하고는 함부로 섹스하지 않는 편이 좋다, 순무에게도 인격이 있다, 등이 이 얘기의 가르침일까? 같은 순무 얘기도 러시아와 일본은 전혀 딴판이군요.

 '좀 이상하지만, 뭐 할 수 없지' 라고 생각해버리는 국민성은 혁명에는 어
않을지도.

이쪽   문으로   들어와서

　종종 "무라카미 씨는 어떤 독자를 염두에 두고 연재 에세이를 쓰세요?"라는 질문을 받는다. 그렇게 물으면 난감하다. 왜냐하면 〈앙앙〉의 주요 독자는 이십대 여성이라고 하는데, 나는 이십대 여성이 어떤 사람들인지 무엇을 어떻게 생각하는지, 구체적인 지식을 거의 갖고 있지 않기 때문이다. 내 주위의 어시스턴트나 편집자 여성들도 젊어봐야 기껏(실례) 삼십대다.

　그런 이유로 독자를 염두에 두려고 해도 불가능하다. 그래서 귀찮은 것은 차치하고 어쨌든 내가 쓰고 싶은 것을 쓰고 싶은 대로 쓰기, 그것만 명심하고 있다. 너무 제멋대로인 것 같지만 달리 방법이 없다. 미안합니다.

　그러나 반대로 내 입장에서 보면 독자를 설정하는 것을 처음부터 포기한 만큼 솔직하고 자연스럽게 글을 쓸 수 있는 것 같다. '이런 걸 써야 해' 하는 테두리가 없으니, 자유롭게 손발을 뻗을 수 있다. 뭐, 이것이 내가 〈앙앙〉에 연재하게 된 이유의 하나이기도 하지만.

주먹밥으로 말하자면 엄선한 쌀로 정성껏 지어서 적당한 힘을 주어 간결하게 꽉 쥔다. 그런 식으로 만든 주먹밥은 누가 먹어도 맛있다. 글도 마찬가지여서 그것을 제대로 '쥐기'만 하면, 거기에 담겨 있는 마음은 성별이나 연령의 차를 넘어 비교적 쉬이 전해지는 게 아닐까 하고 낙관적으로 생각하고 있다. 잘못됐다면 죄송하지만.

나의 이십대는 상당히 정신없고 바빴다. 보통 사람은 학교를 졸업하고, 취직하고 그리고 결혼을 하지만, 내 경우는 완전히 반대여서 결혼한 뒤에 일을 시작하고, 그뒤에 대학을 졸업했다. 엉뚱하다고 하면 엉뚱하지만 결과적으로 그런 순서가 돼버렸으니 어쩔 수 없다. 피아노 발표회도 아니고, "죄송합니다. 틀렸습니다" 하고 처음부터 새로 할 수도 없다.

그런 까닭에 뭐가 뭔지 모르는 사이에 내 이십대는 후다닥 지나가버렸다. 이쪽 문으로 들어와서 그대로 저쪽 문으로 나가버렸다.

그 십 년간 느낀 것이라면 매일 열심히 일한 것, 항상 빚에 시달린 것, 많은 고양이를 기른 것, 그 정도다. 그 외에는 거의 기억에 없다. 가만히 서서 뭔가를 곰곰이 생각할 만한 시간적 여유가 없었다. 내가 행복한지 아닌지 그런 의문조차 머리에 떠오르지 않았다.

그래서 세대와는 관계없이 세간 사람들에게 이십대가 어떤 것인지 나는 그 이미지가 잘 떠오르지 않는다. 즐거운 청춘의 연장선상에 있는 것인지, 아니면 자신을 사회에 적응시켜가는 괴로운 과정에 지나지 않는 것인지. 그도 아니면 '세간'이라는 것은 애초에 존재하지 않는 것인지.

당신의 이십대는 어떤 것인가? 혹은 어떤 것이었나? 사실 이건 내가 상당히 진지하게 알고 싶은 문제다.

 베를린에서 '채식주의자를 위한 버거'라는 것을 발견했습니다.
먹어봤더니 의외로 맛있더군요.

아보카도는 어렵다

세상에는 어려운 일이 많이 있다. 예를 들어 가쿠게이 대학 앞에서 신키바까지 지하철을 어떻게 갈아타면 가장 빨리 도착하는가, 하는 것도 난이도 높은 문제 중 하나다. 그러나 세상에서 가장 어려운 것은 아보카도의 숙성도를 맞히는 게 아닐까, 나는 개인적으로 그렇게 생각한다. 전세계의 우수한 학자를 한데 모아 '아보카도 숙성 고지告知를 위한 싱크탱크' 같은 걸 꾸려도 좋을 정도다. 누가 그런 싱크탱크를 만들어주지 않겠습니까? 만들어주지 않겠죠.

어찌 됐든 아보카도의 문제점은 눈으로 보고 손으로 만져봐도 그게 먹을 때인지 아직 먹으면 안 되는지 알 수 없다는 데 있다. '이제 됐을까?' 잘라보면 아직 딱딱하거나 '아직 멀었겠지' 생각해서 내버려두면 이내 곤죽이 된다. 지금까지 수도 없이 많은 아보카도를 못 먹고 버렸다.

그러나 세상에는 여러 가지 특수한 재능을 가진 사람이 있다. 하와이의 카우아이 섬 노스쇼어에 머물며 장편소설을 쓴 적이 있는데, 근처에 키라웨어라는 마을이 있었다. 차로 일 분이면 통과하는

작은 마을이다. 그곳 등대로 가는 큰길에서 살짝 오른쪽으로 들어간 곳에 조그마한 과일 판매대가 있는데, 이곳에서 각종 과일을 파는 풍채 좋은 아주머니는 아보카도의 숙성 정도를 귀신같이 맞힌다.

"이건 앞으로 삼 일" "이건 내일 중에 먹어요" 하고 아보카도를 살 때마다 가르쳐주는데, 이것이 감동일 만큼 정확하다. 초능력이라 해도 좋을 정도다. 나는 그 핀포인트의 정확도에 감동하여 언제나 그곳에서 아보카도를 샀다. 다른 판매대 사람이 '먹을 때'라고 가르쳐주는 시기는 대체로 엉터리였다.

아보카도 하면 뭐니뭐니해도 캘리포니아롤이지만 샐러드를 해도 맛있다. 오이와 양파와 아보카도를 섞어 생강 드레싱을 끼얹은 간단한 샐러드는 우리 집 단골 메뉴이다. 한때는 매일같이 먹었다.

낮 동안에 집중해서 소설을 쓰고 해가 지면 이따금 키라웨어 마을에 있는 조그마한 극장에 영화를 보러 갔다. 극장은 유감스럽게도 이 년 정도 뒤에 문을 닫아버렸지만.

클린트 이스트우드 감독의 〈미스틱 리버〉를 여기서 보았다. 엄청나게 재미있는 영화였으나, 끝나갈 때쯤 갑자기 필름에 불이 붙으며 뚝 끊겨버렸다. '조금만 더 보면 되는데 이런 중요한 부분에서 젠장……' 하고 화가 나던 참에, 누군가가 일어서서 두 손을 들고 "어이, 대체 범인은 누구야Hey, who's done it?" 하고 소리쳐서, 모두가—라고 해도 고작 스무 명 남짓이었지만—폭소를 터뜨렸다.

그러고 보니 1950년대 일본 영화관도 이런 친밀한 분위기가 있었지, 하며 반가움을 느꼈다. 그런데 미스터리 영화의 결말을 모르는 것은 역시 괴롭더군요. 아무리 입장료를 돌려받았다 해도.

그런 이유로 아보카도를 보면 결말을 알 수 없었던 〈미스틱 리버〉가 같이 떠오른다.

 아보카도덮밥 같은 것이 있다면 먹어보고 싶은데, 어디 파는 데 없습니까?

슈트를 입어야지

나는 옛날부터 줄곧 자유직에 종사하고 있기 때문에 슈트를 입을 기회가 거의 없다. "넥타이를 할 필요는 없지만, 넥타이를 진심으로 좋아해서 매일 맨다." 이런 분도 더러는 세상에 계실지 모르지만, 내 주위에는 한 사람도 없고 물론 나도 그렇지 않다. 넥타이란 건 익숙하지 않으면 상당히 괴롭다. 여름에는 덥고.

그러나 이런 나도 로마에 살 때는 곧잘 슈트를 입고 넥타이를 맸다. 왜냐하면 말끔하게 차려입지 않으면 레스토랑에서 좋은 자리에 안내해주지 않기 때문이다. 이탈리아는 그런 면이 아주 확실한 나라다. 복장으로 사람을 평가한다. 입고 있는 옷의 품질과 차림새로 사람의 지위를 판단하여 대응한다. 그래서 몇 번이나 호된 경우를 당하고 난 뒤, 아내의 강한 권고도 있고 해서 그럴 듯한 레스토랑에 갈 때는 반드시 재킷을 걸치고 넥타이를 매게 되었다. 이왕 식사하는 데 너저분한 테이블에 안내받고 싶지 않으니까.

그래서 이탈리아에 살 때는 레스토랑용으로 넥타이를 꽤나 샀다. 아르마니, 미소니, 발렌티노 등. 뭐, 현지에서 사니 싸긴 했지만

지금 와서는 전혀 제 구실을 못 하고 있다.

일본은 이탈리아만큼 차림새로 판단하지 않아서 슈트를 입는 습관이 아예 사라져버렸다. 한 해에 한두 번 입으면 잘 입는다. 그렇긴 하지만 사회생활을 하다보니 슈트를 입어야 할 상황이 갑자기 생기기도 한다. 계절과 용도에 맞게 한 벌씩은 갖춰둬야 할 필요가 있다. 그래서 이따금 크게 마음먹고 슈트를 사러 간다. 돈도 들고 정말로 귀찮네, 싶지만 뭐 어쩔 수가 없다.

한편, 슈트를 사러 갈 때는 슈트를 입고 간다. 반바지에 샌들 차림으로 가게에 들어가서 슈트를 고르는 건 결코 쉽지 않으니까. 일단 슈트를 입고, 넥타이를 매고, 구두를 신고, 머릿속을 슈트 모드로 바꾼 뒤 슈트를 사러 간다.

그러나 생각해보면 내가 슈트를 입는 일은 이 상황일 때가 가장 많다. 즉 슈트를 사러 갈 때 입기 위해 슈트를 사는 것 같다. 정말로 말도 안 되는 얘기지만.

지금까지 산 슈트 중에서 가장 기억에 남는 것은 〈군조〉라는 문예지의 신인상을 받을 때 시상식에 입고 간 옷이다. 나는 그때 서른 살이었는데 슈트라고는 한 벌도 없었기 때문에, 아오야마의 반VAN (지금의 브룩스브라더스 근처에 있었다)에 가서, 올리브그린색의 면 슈트를 장만했다. 초여름이었다. 베이지 계열의 셔츠와 갈색 니트타이도 샀다. 가죽구두까지 살 돈은 없어서 색 바랜 컨버스 스니커를 신고 갔다. 이따금 슈트를 입으면 지금도 그때의 면 슈트가 문득 생각난다.

기왕 산 슈트니까 좀 자주 입어야지, 하고 때때로 생각하지만 도무지 귀찮아서…….

 그건 그렇고 《린네윤회를 의미함의 일기》 같은 게 있다면 분명 아무리 해도 이야기가 끝나지 않겠죠?

뛰어난 두뇌

세상에는 죽었다 깨어나도 이기지 못할 대단한 사람이 있다. 그렇게 많지는 않지만 더러 있다.

예를 들어 로버트 오펜하이머가 그렇다. 오펜하이머 씨를 아시는지? 제2차세계대전 당시 핵폭탄 개발의 핵심인물인 유태계 미국인 물리학자로 '원자폭탄의 아버지'라 불린다. 꽤 오래전에 세상을 떠나 나도 직접 본 적은 없지만, 뛰어난 두뇌로 세상에 이름을 떨친 인물이다.

이를테면 그는 어느 날 문득 단테를 원서로 읽고 싶다는 생각이 들어서, 단지 그 이유만으로 한 달 만에 이탈리아어를 습득했다. 네덜란드에서 강의를 하게 되어 '그럼, 좋은 기회니' 하고 육 주간 공부하여 네덜란드어를 유창히 말하게 되었다. 산스크리트어에도 흥미가 생겨 《바가바드기타》를 원전으로 읽었다. 하여간 흥미가 가는 대로 조금 의식을 집중하는 것만으로 대부분의 것은 간단히 습득해버렸다. 보통 사람은 흉내도 내지 못할 일이다. 그가 천재라는 것은 누가 어디서 봐도 바로 알아차릴 수 있었다.

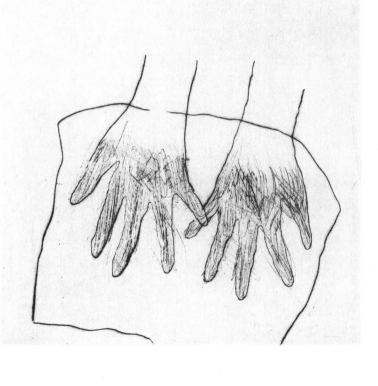

다만 그런 그도 정치적인 센스만은 부족했다. 무서운 집중력으로 원자폭탄을 만든 건 좋았지만 그 실험을 눈앞에 두고 '나는 얼마나 무서운 것을 만들어버렸는가' 하고 파랗게 질려버렸다. 히로시마에 원자폭탄이 투하되자 당시의 트루먼 대통령을 향해 "내 양손은 피로 젖었습니다"라고 말했다. 대통령은 표정 하나 바뀌지 않고, 깨끗하게 접힌 손수건을 꺼내 "이걸로 닦게"라고 응수했다. 정치가란 사람들은 정말 대단하다.

어학은 악기를 배우는 것과 비슷하다. 물론 노력도 중요하지만, 선천적인 재능과 자질이 크게 좌우한다는 말이다. 내 주위에도 그런 능력을 가진 사람이 몇 있는데 조금만 공부하면 외국어를 유창하게 쏼라쏼라한다. 영어와 프랑스어와 독일어와 스페인어와 스웨덴어와 광둥어와 일본어와 한국어를 어색하지 않게 하는 사람을 보면 일단 내 자신이 초라해진다.

나는 학교에서 영어와 독일어를 배우고 개인적으로 프랑스어,

스페인어, 터키어, 그리스어를 공부했지만, 간신히 익힌 것은 영어뿐. 나머지는 거의 잊어버렸다. 지금 당장 튀어나오는 프랑스어는 "생맥주 주세요"와 "그건 내 탓이 아냐" 정도(대체 이건 무슨 조합인가?).

그러나 오펜하이머 전기를 읽다보면 "천재가 아니어서 다행이다" 하는 마음이 절실해진다. 그는 남은 인생 내내 대량 학살 병기를 세상에 만들어냈다는 중압감을 안고 살아야만 했다. 어떻게든 벌충하려고 애썼지만 체질에 맞지 않는 냉철한 정치판에 깊이 말려들어 또 다시 상처만 입었다.

나는 물론 '뛰어난 두뇌'와는 거리가 멀어 외우기보다는 잊어버리는 게 더 많지만 덕분이랄까 그런 가혹한 일은 겪지 않아도 된다. 생맥주를 마시고 적당한 변명을 하면서 하루하루 살아가고 있다. 이래도 괜찮은 건가 하고 생각에 잠길 때도 있지만, 뭐 괜찮겠지.

 '그건 내 탓이 아냐'는 카뮈의 《이방인》을 읽으며 외웠습니다.
다 태양이 나쁜 거죠.

〈스키타이 조곡〉을   아십니까?

앞에도 썼지만, 나는 오래된 아날로그 레코드를 모은다. 이런 사람을 일반적으로 '비닐 정키'라고 부른다. CD에는 거의 흥미가 없고 다운로드 같은 건 '어느 세상 얘기?'라고 반응하게 된다.

브렛 밀라노의 《비닐 정키들》이라는 책이 있는데 이걸 읽다보면 곳곳에서 '아, 그렇구나' 하고 나도 모르게 고개를 끄덕이게 된다. 이 저자의 컬렉션은 록 음악 중심이지만, 음악과 관계없이 비닐 수집가에게는 세계적으로 공통되는 멘탈리티가 있다.

이 책 첫머리에 프로코피예프의 〈스키타이 조곡〉 이야기가 나온다. 머큐리 레코드에서 나온 언틸 도라티가 지휘하는 런던교향악단의 연주로 1957년에 녹음. 세계 최초로 발매된 스테레오레코드의 하나로, 녹음이 훌륭하기로 유명하다. 이야기는 레코드 오타쿠들이 보스턴 교외에 모여 대형 스피커 앞에서 이 손에 넣기 힘든 레코드를 경건히 듣는 데서부터 시작한다.

"가장자리를 만져봐. 둥그스름하고 매끈매끈해" 패트가 레코드 가장자

리를 손가락으로 더듬으면서 말한다. (중략) 코트지로 만든 재킷을 조심스럽게 점검하고, 음반 겉면의 음구音溝가 끝난 검은 부분에 시선이 머문다. 그곳 동그라미 속에 I자가 조그맣게 들어 있다. 이것은 인디애나폴리스의 I로 이 레코드가 RCA의 인디애나 공장에서 찍은 것임을 의미한다. 즉 순정 약품과 마찬가지로 싸구려 혼합물이나 손을 더하지 않은 것이다.

이런 사소한 일로 일희일우하는 심경을 정키가 아닌 사람은 아마 이해하지 못할 것이다. 그러나 행인지 불행인지 나는 이해한다. 참고로 이 LP의 경매가는 대체로 100달러 전후다.

솔직히 나도 이 도라티의 〈스키타이 조곡〉 음반을 갖고 있다. 음구 끝에는 또렷하게 I 자 각인도 있다. 나는 주로 재즈 레코드를 수집하지만, 중고 레코드가게에 가서 그럴 듯한 수확이 없을 때면 시간도 남으니, 하고 그만 클래식 상자를 들여다보게 된다. 그리고 '이런 식으로 가다가는 헤어날 수 없는데' 생각하면서도 좋아 보이는 것이 적당한 가격이면 사들인다. 〈스키타이 조곡〉도 그런 한 장이다. 가격도 쌌고(3달러) 이 책을 읽기 전까지는 그렇게 귀한 것인지도 몰랐다.

그런데 연주가 훌륭하고 소리도 근사하여, 도저히 오십 년도 전에 녹음한 것이라고는 생각할 수 없다. 큰 스피커 앞에 앉아서 들으면 그 순수하면서도 거친 느낌에 지금도 충격을 받는다. 어째서인지 요즘의 세련된 녹음에는 호쾌하고 강렬한 중량감이 없다.

곡이 마치 끝날 것처럼 잔잔해지다가 심벌즈가 합세하고 거기에 천둥소리가 울려퍼진다. "이거야, 이거야말로 헤비메탈이다" 모노맨이 큰 소리로 말하고, 그 소리가 보컬 파트처럼 곡과 조화를 이룬다. "잘 들어라, 레드 제플린. 너희는 애송이다!"

겨우 레코드 한 장 가지고 이만큼 스트레이트로 흥분하다니 이것도 복이라고 생각하지 않는지? 생각하지 않는다고요? 예, 뭐 그래도 상관없지만.

 요전에 훌쩍 아마미 섬에 갔다가 시간이 나 해안에서 한참 조개를 주웠습니다. 제법 질리지 않더군요.

결투와 버찌

버찌 좋아하시는지?

내 경우, 원래는 특별히 좋아하지 않았는데 고교 시절에 푸슈킨의 한 단편소설을 읽은 뒤로 완전히 좋아하는 과일이 돼버렸다. 한때는 버찌만 먹었다.

어째서 푸슈킨을 읽고 버찌를 잘 먹게 되었는가, 당신이 물을지도 모른다. 혹은 묻지 않을지도 모른다. 하지만 일단 물었다 치고 이야기를 진행한다. "네가 버찌를 좋아하든 수박을 싫어하든 그런 건 아무래도 상관없어, 바쁘니까" 하시는 분은 이다음을 읽지 않아도 좋다. 그렇게 바쁜 사람이라면 애초에 이런 에세이를 읽지 않겠지만.

푸슈킨의 소설 중에 〈발사〉라는 단편이 있는데 19세기 러시아가 배경이다. 청년 사관 실비오는 신임 사관과 뜻이 맞지 않았다. 신임 사관은 잘생기고 집안도 좋고 젊고 부자고 머리가 좋고 성격도 밝아서 모두에게 호감을 샀다. 부임해오자마자 바로 부대의 꽃이 되었고, 무도회에서는 여성들이 그의 주위에만 몰렸다. 실비오도 예

전에는 나름대로 돋보이는 존재였지만, 지금은 그 신임 사관한테 완전히 자리를 빼앗겨 당연히 인생이 재미없어졌다.

두 사람은 가벼운 충돌을 거듭하던 끝에 드디어 결투하기에 이른다. 19세기 러시아에서 결투는 그리 신기한 일이 아니었다(푸슈킨도 결투로 목숨을 잃었다). 이른 아침 실비오는 잔뜩 긴장한 채 결투장에 나왔지만, 상대인 잘생긴 사관은 버찌를 먹으며 아무렇지 않은 표정으로 그 자리에 나타났다. 군모에 담아든 버찌를 한 개 먹고는 퉤 하고 기분 좋게 씨를 뱉는다.

그걸 보고 실비오는 더욱 피가 거꾸로 솟구쳤다. 목숨을 건 이 결투가 상대한테는 일상의 한 점에 지나지 않다니. 자신이 오늘 아침 이대로 목숨을 잃을지도 모르는데 인생의 사소한 에피소드에 지나지 않는 듯 굴다니. 실비오는 몹시 굴욕적이었다.

먼저 잘생긴 사관이 권총을 쐈고 빗나갔다. 이번에는 실비오가 쏠 차례다. 그러나 그 상황에서도 상대는 아무렇지 않게 버찌를 계속 먹고 있었다. 실비오는 들고 있던 총을 거둔다. 그리고 "이 한

발을 쏠 권리를 나는 보류하고 싶다"라고 말한다. 죽음의 공포를 느끼지 않는 상대를 사살해봐야 무슨 의미가 있겠는가.

그후 이야기는 어떻게 전개될까? 재미있는 소설이니 혹시 흥미가 있다면 직접 읽어보시길. 이런 유의 이야기는 결말을 밝힐 수가 없다.

이 이야기를 읽은 뒤로 버찌를 잘 먹게 되었다. 나는 무도회에서 여성에게 둘러싸일 일도 없고 결투 소동을 일으킬 일도 없지만, 버찌를 먹을 때는 언제나 이 소설을 떠올리며 죽음을 두려워하지 않는 젊은이의 기분을 (약간은) 낼 수 있었다. 버찌를 담은 종이봉투를 손에 들고 먹으면서 유유자적하게 길을 걷거나 버스를 타거나 영화를 보았다. 지금도 가끔 버찌를 먹지만, 아무리 쿨하게 퉤 하고 씨를 뱉어도 옛날처럼 '무서운 게 없는' 기분은 들지 않는다. 아마 실제로 여러 가지 무서운 일을 겪은 탓이려나.

 이타미 공항에 글리코의 달리기 선수 간판이 있고, '나와 함께 사진 찍지 않을래요?'라고 적혀 있었다. 당연히 찍었다.

까마귀에게 도전하는 새끼고양이

센다가야의 뒷골목을 산책하다가 까마귀에게 시비를 거는 새끼
고양이를 발견했다.

커다란 까마귀 몇 마리가 나뭇가지에 앉아 있고, 조그맣고 하얀
새끼고양이 한 마리가 그걸 향해 덤벼들었다. 물론 까마귀 쪽이 덩
치도 큰 데다 힘도 세고 수도 많다. 부리도 날카롭다. 그러니까 본
격적으로 싸운다면 새끼고양이는 승산이 없다. 전혀 없다. 그러나
고양이는 진지하게 으르렁거리며 과감하게 가지를 타고 올라갔다.
어째서 그러는지 사정은 모르겠다. 뭔가 대단히 맺힌 게 있었을지
도 모른다.

어쨌든 까마귀 쪽에서는 시비를 받아줄 생각이 없는지 고양이가
다가오면 "까악" 하고 놀리듯 한 번 울고 가까운 다른 가지로 사뿐
히 이동할 뿐이다. 고양이는 지지 않고 다른 까마귀에게 도전하지
만, 그 까마귀 역시 "까악" 울고 다른 가지로 옮겨간다. 적당히 고
양이를 데리고 노는 것이 역력했다.

나는 그때 한가해서(대체로 한가하지만) 잠시 그곳에서 결말을

지켜보기로 했다. 때때로 "어이, 힘내" 하고 새끼고양이에게 말을 걸기도 했다. 이렇게 되니 야윈 개구리를 응원한 고바야시 잇사 '야윈 개구리/지지마라/잇사가/여기 있다'라는 시를 쓴 에도시대 하이쿠 시인 같다.

상대가 어린아이고, 내가 옛날 검객이었다면 "너 아주 자질이 보이는구나. 무사 수행에 데리고 가줄 테니 나를 따르라"라고 말할 법한 장면이지만, 나는 검객이 아니요 상대는 그냥 고양이니 그럴 수도 없다.

어찌 됐든 고양이는 필사적으로 쫓아가고, 까마귀는 상대를 약 올린 뒤 날개를 펼쳐 휙 도망가는 구도가 끝없이 되풀이되다보니 좀 지겨워져서 그 자리를 떴다. 그다음에 어떻게 됐는지는 모른다. 다치지나 말았으면 좋겠는데. 하여간 세상 무서운 줄 모르는 무모한 새끼고양이다.

그런데 생각해보니 젊은 시절의 나와 비슷하다. "상대를 잘못 만났어. 게임이 안 돼" 하고 누가 말려도 나는 넘어야 할 벽이 있으면 꼭 기세 좋게 시비조로 덤벼들었다. 자랑이 아니라(그런 짓 하지 않았더라면 좋았을걸 하고 이제 와서 반성할 때도 많다) 그것은 단순히 내 천성이었다. 타고난 성격. 바꿀 수가 없다. 보기와 달리(랄까) 흥분을 잘한다. 덕분에 여기저기에서 아픈 경험이 많았다.

내게 까마귀 떼란 한마디로 '시스템'이었다. 여러 가지 권위를 중심에 둔 틀. 사회적인 틀, 문학적인 틀. 당시 그것은 우뚝 솟아오른 돌벽처럼 보였다. 개개인의 힘으로는 어림도 없는 탄탄한 존재로 그것은 그곳에 있었다. 그러나 지금은 여기저기 돌이 무너지고 벽으로서의 역할을 충분히 다하지 못하게 된 것 같다.

그렇다면 환영할 상황일지도 모른다. 다만 솔직히, 시스템이 탄탄했을 때가 싸움이 쉬웠다. 즉, 까마귀가 제대로 높은 가지에 앉아 있을 때가 구도를 읽기 쉬웠다. 지금은 무엇이 도전해야 할 상대인지 무엇에 화를 내야 좋은지 도통 파악하기가 힘들다. 뭐, 눈을 부릅 뜨고 보는 수밖에 없지만.

 오다와라아쓰키 도로의 '사슴주의' 간판이 뜬금없이 '동물주의'로 바뀌었다. 그럼 뭐가 나오는 거지?

남성작가와   여성작가

서점의 소설 코너에 가면 '남성작가'와 '여성작가'로 구분되어 있는 경우가 많다. 내가 쓴 책은 물론 남성작가 코너에 있다. 아이우에오순으로 대개 미야모토 데루 씨와 무라카미 류 씨 사이에 있다.

"그건 당연하잖아"라고 할 수도 있지만, 내가 아는 한 다른 나라에서는 서점에서 성별로 작가를 분리하여 정리하는 일이 거의 없다. 아프리카와 이슬람 나라들의 서점까지는 잘 모르겠지만, 적어도 유럽에서는 본 적이 없다. 남녀 구분 없이 같은 서가에 알파벳순으로 꽂혀 있다. 그래서 일본에서는 이렇습니다, 얘기하면 다들 놀란다.

"일본에서 대부분의 남성독자는 남성작가의 책을 읽고, 대부분의 여성독자는 여성작가의 책을 읽는 경향이 강한 것 같습니다" 설명하지만, "만약 그렇다고 해도 남녀작가를 구분해서 진열하는 데 어떤 의미가 있습니까?" 하고 묻는다. 그렇게 물으면 으음, 의미 같은 건 딱히 없을지도 모른다고 나도 생각한다.

되레 여성작가와 남성작가 책을 분리해놓는 바람에 여성은 여성

작가를 즐겨 읽고 남성은 남성작가를 즐겨 읽는 경향이 점점 조장
되는지도 모르고, 그건 분명 그리 건전한 일이 아닌 것 같다. 공중
목욕탕도 아니고 남녀 구분 없이 여러 소설이 한데 진열되어 있는
편이 자연스러울 것 같다. 생식기 구조는 달라도 같은 언어로 같은
세계의 사상事象에 대해 쓰고 있으니.

　대신(이라고 하긴 뭣하지만) 외국의 큰 서점에는 '게이·레즈비언
작가' 코너가 있다. 일본에는 아직 없다. 이곳을 방문하는 사람의
대부분은 게이나 레즈비언일 테고 '게이·레즈비언 소설'을 찾아
서, 그러니까 명확한 목적의식을 갖고 서점에 왔을 테니 그 장르를
독립된 책장에 진열해둘 필요성이 있을 것 같다. 일본의 서점이 남
성작가와 여성작가를 나누는 것과는 사정이 다르다.

　딴 이야기인데 요전에 이웃의 생선가게에 갔더니, 열빙어를 남녀
(즉 암수)별로 늘어놓고 팔고 있었다. 가격은 수컷 쪽이 단연 싸다.
암컷은 알을 품고 있어서 그만큼 가격이 높은 것이다. 수컷은 아주

늘씬하여 보기에는 멋있지만, 생선가게에서 그런 '비' 메타포적 특성은 전혀 고려되지 않는다.

　그렇긴 하지만 그렇게 싼값에 팔아치우는 것은 너무 가엾다. '남자-사람'으로서 가슴이 아프다. 동정하여 그만 "이쪽을 주세요" 하고, 가엾은 거북이를 도와주는 우라시마 다로의 심정으로 수컷 열빙어를 사왔다. 그런데 구워 먹어보니 도무지 맛이 없어서……. 열빙어는 역시 암컷이구나 새삼 통감했다.

　남성작가도 이런 수컷 열빙어가 되지 않도록 여성작가에 지지 않을 멋진 소설을 써야 한다. 시메하리쓰루 '준' 한 잔에 말라빠진 맛없는 열빙어를 뜯으면서 이렇다 할 뚜렷한 맥락도 없이 혼자 그렇게 스스로를 다잡았다.

　내 소설 독자는 옛날부터 일관되게 대체로 남녀 반반이다. 그리고 여성독자 중에는 예쁜 분이 많다. 음, 정말로.

 지난달에 아레사 프랭클린이 부르는 '마이 웨이'를 듣다가 처음으로 '오, 이거 상당히 좋은 곡이구나' 싶었습니다.

준 문 송

비틀스가 해산하고, 멤버들이 각각 솔로 활동을 시작한 뒤 폴 매카트니는 한동안 아주 잘나갔다. 잇따라 앨범을 발표했고 대부분이 히트차트 상위를 장식했다. 그에 비해 존 레넌은 비교적 잠잠했다. 적어도 상업적으로 대성공이라고는 할 수 없었다. 각자 개성이 다르니 어쩔 수 없을 터다. 폴의 곡은 누구나 좋아할 만한 담백한 밝음이 있는 반면, 존의 음악에는 늘 일종의 그늘이 있었다. 그렇다고는 해도 존은 적잖이 씁쓸했을 것이다.

그 무렵, 라디오에서 흘러나오는 폴의 곡을 듣고 존이 투덜투덜 불평하자, 아내 요코 씨가 "신경쓰지 말아요, 존. 단순한 준 문 송이잖아요" 하며 달랬다고 한다. 옆에서 직접 들은 게 아니라 읽은 것이니 진위를 확인할 순 없지만.

'준 문 송'이라는 것은 요컨대 간단하게 쓱싹 만든 곡이라는 말로, '준 June'과 '문 Moon'으로 단순한 라임을 맞추고 있다. 그런 가벼워빠진 음악으로 세상의 호응을 얻어봐야 소용없죠, 라고 요코 씨는 말하고 싶었을 것이다.

나는 비교적 가벼운 폴의 곡풍을 좋아하지만, 그래도 비틀스 시절의 그의 음악에는 독특한 긴장감 같은 것이 있었다. 존과 팀을 짜서 서로를 자극하고 견제하면서 그런 긴장감이 생겨났을 것이다. 그런데 나중의 폴의 곡에서는 그런 깊이가 조금 덜하다. 마찬가지로 존의 음악에서는 예전의 '노골적인 싱싱함'이 옅어졌을지 모른다. 물론 개방과 성숙이 그것들을 대체시킨 면이 있지만, 비틀스는 그만큼 기적적인 유닛이었다. 이제 와서 내가 이런 말을 해봐야 소용없지만.

6월이면 버튼 레인이 만든 '하우 어바웃 유'라는 곡이 생각난다.

"나는 뉴욕의 준(6월)을 아주 좋아해. 너는 어때? 거슈윈의 튠(곡)도 아주 좋아해, 너는 어때?"

여기서는 '준'과 '튠'이 라임을 만든다. 이것도 뭐 상당히 단순하다. 어쩌면 요코 씨한테 혼날지도 모른다. 하지만 아주 상큼하고 귀여운 노래다. 해마다 6월이 되면 프랭크 시나트라가 경쾌하게 부르는 이 노래가 듣고 싶어진다.

미국에서 살기 시작했을 무렵, 대학교 체육관 탈의실에서 옷을 갈아입다가 주위에 아무도 없는 틈에 샘 쿡의 오래된 노래를 무심코 흥얼거렸다. "Don't know much about history(역사에 대해선 잘 모른다)" 하고 앞 소절을 불렀더니 세 줄 정도 너머의 로커에서 누군가가 발군의 타이밍으로 "Don't know much about biology(생물학도 잘 모른다)" 하고 다음을 불러주었다. 그때 '아, 그렇지. 나는 미국에 와 있지' 하는 사실을 새삼 절감했다.

이것도 아주 단순한 라임이지만, 그래도 멋진 노래다. 제목은 '원더풀 월드'. 듣고 있으면 혹은 부르고 있으면 문득 연애가 하고 싶어진다.

 나는 '함마'와 '멤마' 각각 일본어로 해머와 염장죽순을 의미함 로 라임을 맞춰 적이 있습니다. 이것도 너무 단순한가.

베네치아의 고이즈미 교코

1980년대 중반에 로마에서 몇 년 살 때의 일이다. 무라카미 류 (씨)가 일이 있어 이탈리아에 오게 되었다며, 친절하게도 "뭐 필요한 것 있으면 가져갈게요" 하고 말해주었다. 나는 "그럼 일본 노래 카세트테이프를 부탁해요"라고 했다. 소니 워크맨이 아직 신제품이던 시절이었다. 류 씨는 이것저것 다섯 개 정도의 테이프를 갖고 와주었다.

그중에서 나는 이노우에 요스이와 고이즈미 교코의 테이프를 자주 들었다. 〈네거티브〉와 〈퍼레이드 클래식스〉. 아침부터 밤까지 떽떽거리는 로마 억양의 이탈리아어만 듣다보니 분명 귀가 지쳤던 것이다. 일본어의 울림에 마음이 편안해졌다.

얼마 뒤 혼자서 베네치아를 여행했다. 그때 개인적으로 아주 고통스러운 일이 있어, 가슴이 답답하고 의식이 낱낱이 흩어진 채 하나로 모아지지 않는 상태였다. 그래서 나는 사고의 회로를 닫고 되도록 머리를 비우고, 낯선 거리를 정처 없이 걸어다니며 워크맨으로 계속해서 같은 테이프를 들었다.

봄의 베네치아는 아름다운 곳이지만, 그 여행에서 기억나는 것은 운하의 수면에 반사되는 평온한 햇살과 헤드폰에서 흘러나오는 고이즈미 교코의 노래 정도다. 그러나 몇 번이나 들었을 텐데 가사는 기억나지 않는다. 멜로디와 목소리는 기억에 있는데 가사는 백지에 가깝다. 일본어의 울림과 그것이 나타내는 메시지가 유대를 맺지 않았다—어쩌면 그런 것일지도 모른다.

그러나 오히려 유대를 맺지 않았기 때문에 그 노래들은 그리운 암호의 토막난 울림으로 이국의 땅에서 나를 보호해주었다. 그런 느낌이 든다. 잘 설명하진 못하겠지만.

지금까지 인생에서 정말로 슬펐던 적이 몇 번 있다. 겪으면서 여기저기 몸의 구조가 변할 정도로 힘든 일이었다. 두말하면 잔소리지만 상처 없이 인생을 살아가는 사람은 아무도 없다. 그러나 그때마다 거기에 뭔가 특별한 음악이 있었다, 라고 할까, 그때마다 그 장소에서 나는 뭔가 특별한 음악을 필요로 했다.

어느 때는 그것이 마일스 데이비스의 앨범이었고, 어느 때는 브람스의 피아노 협주곡이었다. 또 어느 때는 고이즈미 교코의 카세트테이프였다. 음악은 그때 어쩌다보니 그곳에 있었다. 나는 그걸 무심히 집어들어 보이지 않는 옷으로 몸에 걸쳤다.

사람은 때로 안고 있는 슬픔과 고통을 음악에 실어 그것의 무게로 제 자신이 낱낱이 흩어지는 것을 막으려 한다. 음악에는 그런 실용적인 기능이 있다.

소설에도 역시 같은 기능이 있다. 마음속 고통이나 슬픔은 개인적이고 고립된 것이긴 하지만 동시에 더욱 깊은 곳에서 누군가와 서로 공유할 수도 있고, 공통의 넓은 풍경 속에 슬며시 끼워넣을 수도 있는 것이라고 소설은 가르쳐준다.

내가 쓴 글이 이 세상 어딘가에서 그런 역할을 해주었으면 좋겠다. 진심으로.

 '새싹 마크'와 '단풍잎 마크' 각각 운전 경력 일 년 미만 운전자, 일흔 살 이상의 고령 운전자의 차에 부착함를 나란히 붙인 차, 본 적 있습니까? 별로 가까이 다가가고 싶지 않죠.

후기

삽화를 부탁받고

무라카미 하루키 씨가 〈앙앙〉에 '무라카미 라디오'를 다시 연재하게 될 줄은 꿈에도 생각지 못했던 터라, 지난번처럼 제 판화로 삽화를 부탁한다는 얘기를 들었을 때 기뻐서 어쩔 줄 몰랐습니다.

십 년 전 〈앙앙〉의 '무라카미 라디오' 연재 담당자이자 편집장이었던 제2서적부 편집장 데쓰오 씨가 이번에도 집필을 의뢰했는지 "말해보길 잘했어" 하고 감격스러워하시더군요. 현 편집장 구마이 씨도 현 담당자 군시 씨도 굉장한 일이라 생각했다고 합니다.

그런 놀라운 일이다보니, 사실 무대 뒤 스태프 모두가 더욱 특별한 긴장감을 갖고 일하고 있습니다(이 책은 한 해분을 묶은 것이고 계속 연재중입니다). 이런 기분이 드는 작업은 좀처럼 없다고 하면, 그럼 다른 일은 아무렇게나 돼도 상관없다고 생각하며 작업하느냐고 야단맞겠지만, 무라카미 하루키 씨의 일은 우리에게 확실히 특별합니다. 왜냐하면 제가 아주 열렬한 팬이거든요. 편집자들 사이에서도 무라카미 씨는 세계적인 인기 작가이면서 글을 여기저기 쓰지 않는다고 할까, 에세이도 그렇고 좀처럼 연재를 하지 않는 분이기 때문에 더욱 특별할 겁니다.

분명 다른 곳 편집자들은 "어째서 〈앙앙〉에서?"라고 하겠지요.

십 년 전 〈앙앙〉에 연재한 '무라카미 라디오'에 판화 삽화를 그릴 때, 몇 명의 편집자에게서 "어째서 당신이야? 대체 어떻게 맡은 거야?" 하는 질문을 많이 받았습니다. 오랜 세월 삽화일을 하며 이런 질문을 받은 적은 거의 없었습니다. 역시 무라카미 하루키 씨가 특별한 작가다보니 주위의 관심도 대단하더군요.

무대 뒤 일인의 스태프로서 절대 행운이라는 표현도 쓸 수 있는 작업입니다만, 제가 매주 좋은 그림을 그렸냐 하면 그렇지는 않습니다. 지난번 것은 괜찮았는데 이번 주는 별로네 할 때도 많습니다. 그러나 모처럼 이렇게 특별한 일을 맡았으니 내일은 더 좋은 그림을 그려야지 하고 늘 생각합니다.

십 년 전의 '무라카미 라디오'에 이어, 이 책도 디자이너 가쓰니시 가오루 씨가 멋지고 품위 있는 책으로 만들어주셨습니다. 본문과 표지 초안을 보고 《무라카미 라디오》 작업에 동참한 것이 새삼 기뻤습니다. 이제 책이 완성될 날을 기다려야겠습니다.

무라카미 하루키 씨, 정말 감사합니다.

오하시 아유미

옮김_ 권남희

일본문학 전문 번역가. 《무라카미 라디오》《빵가게 재습격》《밤의 피크닉》《퍼레이드》《멋진 하루》《마호로 역 다다 심부름집》《부드러운 볼》《애도하는 사람》 등 다수의 작품을 우리말로 옮겼고, 《동경신혼일기》《번역은 내 운명(공저)》《번역에 살고 죽고》 등을 썼다.

그림_ 오하시 아유미 大橋步

1940년 미야기 현에서 태어나 다마 미술대학을 졸업했다. 1964년 주간 〈헤이본 펀치〉의 표지 일러스트로 데뷔한 이래 잡지, 단행본, 광고 등 다양한 분야에서 활동하고 있다. 특히 살림이나 생활 전반에 관련된 일러스트 및 에세이로 세대를 불문하고 여성은 물론 남성 독자에게도 지지받고 있다. 2002년부터는 잡지 〈아르네〉를 창간, 기획에서 취재·편집·촬영에 이르기까지 전방위적으로 활약하고 있다.